내일의 뉴스레터

BOOK
JOURNALISM

내일의 뉴스레터

발행일 ; 제1판 제1쇄 2023년 4월 3일
지은이 ; 스티비 발행인·편집인 ; 이연대
CCO ; 신아람 에디터 ; 김혜림
디자인 ; 권순문 지원 ; 유지혜 고문 ; 손현우
펴낸곳 ; ㈜스리체어스 _ 서울시 중구 한강대로 416 13층
전화 ; 02 396 6266 팩스 ; 070 8627 6266
이메일 ; hello@bookjournalism.com
홈페이지 ; www.bookjournalism.com
출판등록 ; 2014년 6월 25일 제300 2014 81호
ISBN ; 979 11 92572 78 9 03300

북저널리즘은 환경 피해를 줄이기 위해
폐지를 배합해 만든 재생 용지 그린라이트를 사용합니다.

BOOK
JOURNALISM

내일의 뉴스레터

스티비

; 콘텐츠 소비 방식은 '대형 플랫폼에서 모두가
비슷한 콘텐츠를 소비하는 것'에서 '파편화된 플
랫폼에서 각자 자기 입맛에 맞는 콘텐츠를 소비
하는 것'으로 변하고 있다. 뉴스레터는 대형 플
랫폼에서 벗어나 자신의 고객, 팬, 구독자와 직
접적인 관계를 만드는 데 효과적인 수단이다.

차례

프롤로그

무작정 모은 데이터,
리포트가 되기까지

이메일 뉴스레터 서비스 '스티비'를 처음 만들기 시작한 건 2015년이다. 당시에도 이메일 마케팅, 이메일 뉴스레터라는 말은 낯설지 않았지만, 뉴스레터에 대한 인식이 지금만큼 좋지는 못했다. 많은 이들은 이메일 마케팅에서 관심 없는 광고, 메일함에 쌓이는 스팸 메일을 떠올렸다. 이메일 마케팅이 곧 스팸 메일이라는 인식이 퍼져 있는 만큼, 국내 이메일 마케팅 시장에 대한 데이터나 사례도 찾기 어려웠다. 스티비 팀에게는 데이터와 사례가 간절했다. 스티비를 세일즈하기 위해서, 더 좋은 서비스를 만들기 위해서 국내 시장의 상황이 꼭 필요했다.

처음에는 해외의 데이터와 사례를 인용하는 수밖에 없었다. 국내 이메일 마케팅 시장을 다룬 자료가 부족했던 탓이다. 해외의 데이터는 다양했지만, 결국 한국 상황과는 먼 이야기였다. 그때부터 무작정 국내 이메일 마케팅과 뉴스레터의 사례를 모으고 분석하기 시작했다. 현재 구독자 3만 5000명을 보유한 스티비의 뉴스레터 〈스요레터〉도 국내 사례의 필요성을 느낀 이후부터는 국내 이메일 마케팅 시장을 직접 분석해 소개했다.

스티비 이메일 마케팅 리포트의 시작도 마찬가지였다. '필요하니 뭐든 직접 만들어 보자'라는 마음이었다. 리포트를 만들기 위해서는 데이터를 먼저 쌓아야 했다. 구독자를 대상

2015년부터 2021년까지 펴낸 이메일 마케팅 리포트 ⓒ스티비

으로 무작정 설문 조사부터 시작했다. 총 185명이 설문에 답했다. 그 결과를 분석해 만든 것이 2016년에 펴낸 첫 이메일 마케팅 리포트였다.

2023년 2월까지 스티비는 모두 다섯 편의 리포트를 펴냈다. 스티비가 성장해 온 만큼 분석하는 데이터의 양, 설문 응답자의 수도 늘었다. 스티비가 국내 이메일 마케팅 시장의 대표적인 서비스로 자리 잡으면서 이메일 마케팅 리포트의 역할도 커졌다. 리포트를 통해 뉴스레터 발행인, 마케터 및 기획자 등에게 유용한 데이터를 제공할 수 있었다.

한 편의 리포트를 펴낼 때 짧게는 3개월, 길게는 6개월의 시간을 들였다. 분석하는 데이터의 양도 수십억 건에 달했다. 오랜 기간에 걸쳐 이메일 마케팅이라는 주제를 분석하다 보니, 한 해의 흐름뿐 아니라 거시적인 시장의 변화 양상을 살필 수 있었다. 스티비 팀이 분석한 바에 따라, 그리고 시장이 기대하는 시장의 모습에 따라 리포트가 주목하고 강조하는 지점이 달라지기도 했다.

국내 시장의 사례와 데이터를 모으기 어렵다는 페인 포인트는 조금씩 해결해 가고 있는 듯하다. 이메일 마케팅을 시작하기 위해 팀을 설득해야 하는 마케팅 담당자, 고객 기업에게 성과를 보고하기 위해 비교군이 필요한 마케팅 대행사 등 자료가 필요한 여러 기업에서 리포트를 인용하고 있다. 때때로 '다음 리포트는 언제 나오냐'는 질문을 받기도 했다. 스티비 팀의 다음 목표는 리포트를 이메일 마케팅을 시작하는 계기로 만드는 것이다. PDF와 웹사이트를 통해 제공하던 이메일 마케팅 리포트를 책으로 자세히 풀어낸 것은 그런 이유에서다.

《내일의 뉴스레터》에서는 가장 최근에 발행된 2023년 이메일 마케팅 리포트의 내용을 다룬다. 2023년 이메일 마케팅 리포트에서는 2022년 10월부터 11월까지 두 차례 진행한 온라인 설문, 2022년 10월까지 가입한 스티비 회원의 데이터

2023 이메일 마케팅 리포트 표지 ⓒ스티비

와 2020년 11월부터 2022년 10월까지 스티비에서 발송된 이메일 데이터를 분석했다. 설문 응답자는 417명이었고 분석한 이메일 수는 25.7만 개, 발송량은 19.6억 건이었다. 최근에은 조직과 기업뿐 아니라 개개인도 이메일 마케팅을 시작하는 경우가 늘었다. 발행 주체가 다양해진 만큼, 데이터와 사례도 다양해진 셈이다. 《내일의 뉴스레터》에서는 이메일을 발행하는 조직과 개인이 실제로 이메일 마케팅을 어떻게 진행하고 있는지, 또한 거시적인 흐름에서는 어떠한 변화가 일어나고 있는지를 포착했다.

책에는 PDF와 웹사이트에서 담지 못했던 데이터와 사례를 풍부히 담았다. 그 사이에 숫자만으로는 보이지 않는, 숨

겨진 맥락도 담았다. 때때로 우연히 집어 든 책은 새로운 가능성을 열어 준다. 새롭게 열린 가능성은 또 다른 시작의 계기가 되기도 한다. 이 책이 이메일 마케팅과 뉴스레터를 시작해 보는 계기가 되길 바란다.

지금, 이곳의 뉴스레터

스팸 메일에서 양질의 콘텐츠로

몇 년 전만 해도 '이메일 마케팅'하면 떠오르는 것을 물었을 때, 가장 많이 돌아오는 답은 '스팸'이었다. '이메일 마케팅 = 스팸 메일'이라는 부정적 인식은 우리나라만의 문제는 아니었다. 2000년대부터 인터넷이 대중화하면서 이메일도 널리 퍼졌고, 2001년 전체 이메일의 약 7퍼센트에 불과하던 스팸 메일은 2004년에 약 72퍼센트까지 증가했다.[1] 스팸 메일은 사회적 문제로 대두되기까지 했다. 2003년 미국에서 제정된 스팸 메일 규제 법안, 'CAN-SPAM Act'가 대표적이다. 새로 등장한 건 법만이 아니었다. 'SPF(Sender Policy Framework·표준 이메일 인증 방법)'와 'DKIM(DomainKeys Identified Mail·도메인키 인증 메일)'은 이메일 발신자의 도메인을 검증하는 시스템으로 개발됐다. 다양한 노력 덕분에 전체 이메일 트래픽 중 스팸 메일이 차지하는 비중이 크게 줄었다. 2011년 스팸 메일이 이메일 트래픽의 80.3퍼센트를 차지했다면, 2021년에는 45.6퍼센트로 줄었다.[2]

이메일 마케팅에 대한 부정적인 인식이 바뀌기 시작한 것은 비교적 최근이다. 많은 해외 기업은 2010년대 초반부터 이메일을 효율성 높은 마케팅 수단으로 주목했다. 2010년대 중반부터는 이메일을 단순한 마케팅 수단이 아닌 콘텐츠를 전달하는 수단으로 활용하는 회사가 등장했다. 이들은 이메일 뉴스레터 자체를 하나의 상품이자 서비스로 정의했다.

가장 잘 알려진 사례는 미국의 〈더스킴the Skimm〉과 〈모닝브루Morning Brew〉다. 이들은 매일 아침 뉴스를 읽기 쉽게 요약해 이메일로 발송하는 서비스를 시작했다. 이후에는 뉴스를 넘어 경제, 스포츠 등의 다양한 카테고리를 다뤘고, 어플리케이션과 팟캐스트 등의 채널 확장도 지속해 왔다. 〈더스킴〉의 구독자 수는 약 1200만 명, 〈모닝브루〉는 약 400만 명으로 알려져 있다. 많은 사용자를 모은 만큼 투자도 몰렸다. 〈더스킴〉의 누적 투자금은 약 350억 원으로 알려졌고 〈모닝브루〉는 2020년, '비즈니스 인사이더Business Insider'에 850억 원에 인수됐다.

유사한 국내 사례로는 〈뉴닉〉이 있다. 〈뉴닉〉은 2018년 12월, 밀레니얼을 위한 시사 뉴스레터로 시작해 52만 명의 구독자를 모았다. 국내 이메일 마케팅 시장은 〈뉴닉〉 이전과 이후로 나눌 수 있을 정도로 큰 변화가 있었다. 〈뉴닉〉의 등장 이후, 상품과 서비스로서의 뉴스레터를 제공하는 팀이 늘었다. 2018년 말부터 2020년 초에 〈뉴닉〉을 비롯해 〈부딩〉, 〈순살브리핑〉, 〈커피팟〉 등의 콘텐츠 뉴스레터가 등장했다. 주제도 다양했다. 〈뉴닉〉이 정치, 경제, 사회 이슈를 다룬다면, 〈부딩〉, 〈순살브리핑〉, 〈커피팟〉은 각각 부동산, 경제, 해외 비즈니스 이슈에 특화돼 있다.

콘텐츠 뉴스레터의 구독자는 자신이 필요한 정보를 얻기 위해 서비스를 구독하는 경우가 많기 때문에 오픈율이 매우 높은 편이다. 이러한 강점을 활용해 몇몇 콘텐츠 뉴스레터들은 커뮤니티를 직접 구축하거나 적극적으로 피드백을 받는 등, 구독자와의 상호작용에 적극적으로 나서기도 한다.

〈썸원〉은 '디지털 텍스트 스터디', '구독 모델 스터디' 등 다양한 커뮤니티 프로그램을 제공하는 유료 멤버십을 운영하고 있다. 〈순살브리핑〉은 뉴스레터 콘텐츠를 아카이빙하는 웹사이트에 회원제 Q&A 게시판, 자유 게시판 등을 운영하며 구독자의 적극적인 소통을 유도하고 있다.

나에게 필요한 콘텐츠를 제공하는 서비스로 소비되는 뉴스레터가 많아지면서 덩달아 이메일에 대한 소비자의 인식도 좋아졌다. 이메일은 오래되고 낡은 채널이라는 기존의 인식과 달리, 이메일 뉴스레터가 MZ 세대의 주요 콘텐츠 소비 채널로 떠오르기도 했다. MZ세대의 47.2퍼센트는 월 1회 이상 뉴스레터를 본다. 그중에서도 주 1회 이상 뉴스레터를 확인하는 비율은 33.1퍼센트다.[3] 콘텐츠 뉴스레터는 정치, 경제, 사회 이슈 외에도 영화 리뷰, 에세이, 콘텐츠 큐레이션 등 취미와 작품의 영역으로 확장하기도 했다.

회사나 팀이 아닌 개인이 이메일 뉴스레터를 제작하는 경우도 많아졌다. 스티비 사용자 중 개인 회원의 최근 3년간

2018~2020년 발행을 시작한 국내 주요 콘텐츠 뉴스레터

이름	발행 시작	주제
어피티	2018년 7월	경제
뉴닉	2018년 12월	정치, 경제, 사회
썸원	2019년 11월	비즈니스
순살브리핑	2019년 11월	경제
커피팟	2020년 1월	해외 비즈니스
부딩	2020년 2월	부동산
캐릿	2020년 4월	트렌드
까탈로그	2020년 5월	트렌드

연평균 성장률은 회사/단체 회원에 비해 두 배 높았다. 또한 광고 혹은 유료화를 통해 이메일 뉴스레터로 직접적인 수익을 창출하는 경우도 늘었다. 2022년 한 해 동안 스티비에서 발행되는 유료 뉴스레터는 약 두 배 많아졌고, 이들이 버는 유료 구독 매출은 약 4.5배 늘었다.

뉴스레터 시장의 변화와 함께 이메일 마케팅 서비스인 스티비도 꾸준히 성장해왔다. 스티비의 월간 활성 사용자 수는 2021년에 비해 2022년 1.3배 증가했고, 2019년부터 2022년까지 매년 연평균 1.6배 증가해 왔다. 사용자 수뿐만 아니라 스티비를 통해 발송되는 이메일의 양도 증가했다. 스티비를 통해 발송된 이메일은 2022년 16.2억 건으로 2021년에 비해 1.6배 증가했고, 2019년부터 2022년까지 매년 연평균 1.8배 증가했다. 스티비를 통해 뉴스레터를 발행하는 사용자가 늘었다는 것은 그만큼 국내 이메일 마케팅 시장이 성장했다는 걸 보여주기도 한다. 〈뉴닉〉, 〈캐릿〉, 〈주간 배짱이〉 등 뉴스레터 시장의 변화를 상징하는 대부분의 뉴스레터가 그 시작과 성장을 스티비와 함께 했다. 최근에는 '우아한형제들', '컬리'와 같은 유니콘 기업, '조선일보', '중앙일보', 'MBC', 'SBS' 등 주요 언론사, 방송사도 스티비로 뉴스레터를 발행하고 있다.

서비스로서의 이메일 뉴스레터를 제공하는 팀의 가파른 성장은 마케팅 수단으로 이메일을 활용하는 기업과 브랜드에도 적지 않은 영향을 줬다. 기업의 경우, 상품과 서비스를 직접적으로 홍보하고 구매를 유도하기보다는 자사의 상품, 서비스와 관련된 콘텐츠를 전하는 방식으로 이메일을 활용하는 경우가 많아졌다. 이는 기업 스스로가 미디어가 돼 타깃 고객의 니즈에 맞게 콘텐츠를 전하는 '브랜드 저널리즘'에 가까

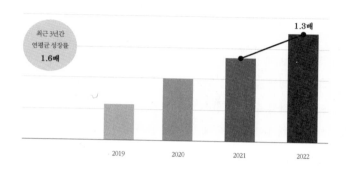

스티비 월간 활성 사용자 수

최근 3년간
연평균 성장률
1.6배

1.3배

2019   2020   2021   2022

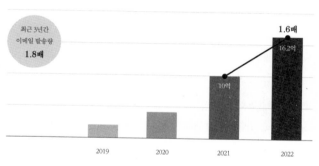

스티비 월간 이메일 발송량

최근 3년간
이메일 발송량
1.8배

1.6배

16.2억

10억

2019   2020   2021   2022

* 단위: 건

운 모습이다. 최근의 이메일 마케팅 시장은 개인화, 다양화라
는 거시적인 흐름과 콘텐츠 소비 방식의 변화와 함께 더욱 주

목받고 있다.

　지금의 콘텐츠 소비자들은 각자의 취향에 맞게 여러 플랫폼을 오가며 콘텐츠를 직접 탐색하고 발견한다. 대형 플랫폼의 정보 과잉, 광고로 인한 피로감이 높아짐에 따라 새로운 채널에 대한 수요도 늘었다. 이러한 환경 변화와 함께 뉴스레터를 제작할 수 있는 편리한 발행 도구가 등장했다. 누구나 쉽고 빠르게 뉴스레터를 제작할 수 있게 되면서 새로운 수요에 부응하는 다양한 뉴스레터가 등장했다. 나에게 맞춘 듯한 콘텐츠를 전하는 뉴스레터는 이러한 초 개인화 시대에 알맞은 매체였다.

뉴스레터가 할 수 있는 것

국내 이메일 마케팅 시장의 성장에서 눈에 띄는 건 개인이 발행하는 뉴스레터의 성장세다. 스티비 사용자 중에서도 회사 혹은 단체가 아닌 개인의 비율이 가파르게 높아졌다. 최근 3년 간 회사/단체는 연평균 1.3배 늘어난 것에 비해 개인은 2.4배 늘었다.

단순 소식에서 읽고 싶은 기획으로

개인 회원의 성장세가 두드러지지만 여전히 회사/단체 회원의 비율이 58.7퍼센트로 더 높다. 회사와 단체 회원은 어떤 내

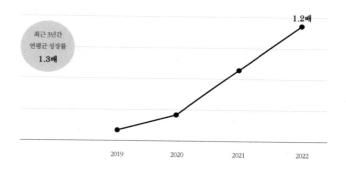

스티비 회사/단체 회원 증가 추이

최근 3년간
연평균 성장률
1.3배

1.2배

2019 2020 2021 2022

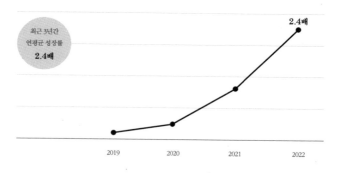

스티비 개인 회원 증가 추이

최근 3년간
연평균 성장률
2.4배

2.4배

2019 2020 2021 2022

용으로 이메일 뉴스레터를 발행할까? 기업의 소식을 전하는 뉴스레터가 34.8퍼센트로 가장 높은 비율을 차지한다. 많게 는 주 1회, 적게는 월 1회 회사 내, 외부의 소식을 이메일로 전하면서 고객과 구독자와의 관계를 형성한다. 이러한 형태의 뉴스레터는 〈뉴닉〉과 같은 콘텐츠 뉴스레터의 등장 이전에도 쉽게 접할 수 있는 기본적인 유형이었다. 주목할 것은 단순히 새로운 소식을 전하는 형태의 뉴스레터가 점차 줄고 있다는 사실이다. 2년 전의 데이터와 비교해 보면, 소식 전달은 39.6 퍼센트에서 4.8퍼센트포인트 낮아졌다. 콘텐츠가 다양해지고, 뉴스레터 시장 전체가 성장하면서 회사의 소식만 전달하는 평면적인 뉴스레터는 줄어들고 있다.

반면 가장 크게 늘어난 형태는 고객 행동에 따른 이메일 발송이다. 기존에는 이메일을 대량으로 발송해 많은 이들에게 소식을 알리는 것만이 목적이었다. 그러나 이제는 고객이 어떤 행동을 했는지에 따라 고객에게 필요한 정보나 콘텐츠를 전하는 방식의 활용이 늘었다. 예를 들어 뉴스레터를 구독했을 때 서비스에 대한 설명을 자동으로 발송하거나 회원 가입 후 한 달 뒤, 서비스 이용에 대한 피드백을 요청하는 이메일을 자동으로 발송하는 식이다.

새로운 기회를 만드는 창구

개인 회원의 경우는 어떨까? 개인 회원은 퍼스널 브랜딩을 목적으로 이메일 마케팅을 하는 경우가 31.5퍼센트로 가장 높은 비율을 차지했다. 2년 전의 데이터와 비교해 보면 직무, 학

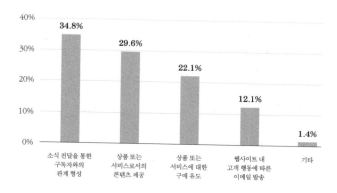

회사/단체 고객의 이메일 마케팅 목적

- 소식 전달을 통한 구독자와의 관계 형성: 34.8%
- 상품 또는 서비스로서의 콘텐츠 제공: 29.6%
- 상품 또는 서비스에 대한 구매 유도: 22.1%
- 웹사이트 내 고객 행동에 따른 이메일 발송: 12.1%
- 기타: 1.4%

* 복수 응답, 전체 응답 수 기준

업과 관련된 경험을 쌓기 위한 목적이 17퍼센트에서 21.5퍼센트로 높아진 것이 큰 변화다. 이메일 마케팅이 주요 콘텐츠 소비 채널로 떠오르면서, 마케터나 마케팅 관련 직무를 희망하는 학생이 뉴스레터를 활용하는 경우가 많아졌다. 이들은 새로운 채널에 대한 경험을 쌓고, 그를 직무적 능력으로 연결하기 위한 도구로서 뉴스레터를 활용했다. 이런 개인의 뉴스레터 발행 경험이 퍼스널 브랜딩으로 연결되고 취업이나 이직의 기회로 연결되는 경우도 많다. 마케팅 경험을 쌓으며 전문성을 기르는 것은 물론, 자기 자신을 홍보하며 퍼스널 브랜드를 강화할 수도 있기 때문이다.

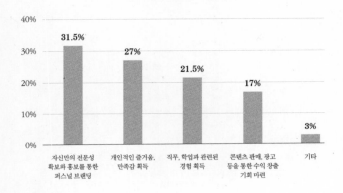

개인 고객의 이메일 마케팅 목적

- 자신만의 전문성 확보와 홍보를 통한 퍼스널 브랜딩: 31.5%
- 개인적인 즐거움, 만족감 획득: 27%
- 직무, 학업과 관련된 경험 획득: 21.5%
- 콘텐츠 판매, 광고 등을 통한 수익 창출 기회 마련: 17%
- 기타: 3%

* 복수 응답, 전체 응답 수 기준

　대중문화 뉴스레터 〈콘텐츠 로그〉의 발행인은 개인 뉴스레터를 발행하며 창작자로서의 경험을 공유하는 강연, 모임, 인터뷰에 섭외됐다. 온라인 콘텐츠 플랫폼에 '콘텐츠'를 주제로 기고하기도 했고 출판사의 제안을 받아 뉴스레터에 대한 책을 출간하기도 했다. 취향 큐레이션 뉴스레터인 〈J의 편지〉의 발행인은 퍼포먼스 마케터로 일하며 직접 콘텐츠를 만들고 싶다는 갈증으로 뉴스레터를 시작했다. 뉴스레터를 시작으로 유료 기고, 출판사 광고 등의 협업을 경험할 수 있었다. 이러한 이력은 발행인이 콘텐츠 마케터로 이직하는 것에도 큰 도움을 줬다.

먼저 다가가는 뉴스레터 마케팅

이메일은 다른 마케팅 채널과 다르다. 고객과 직접 연결될 수 있다는 점에서 그렇다. 예를 들어 SNS 광고의 경우, 광고가 고객의 눈에 띄기를 기다려야 한다. 그러나 이메일은 먼저 고객의 이름을 부르며 다가갈 수 있다. 이러한 이메일 마케팅의 강점은 고객과의 모든 상호작용, 즉 고객 여정의 특정한 단계에 국한되지 않는다. 이메일 마케팅은 마케터가 원하는 때에 직접 고객의 메일함으로 찾아가 메시지를 전달하거나 특정한 행동을 유도할 수 있다. 이메일 마케팅을 통해 달성하고자 하는 목표에 따라 전달하는 메시지와 이메일을 활용하는 방식도 달라진다. 이메일은 마케팅 캠페인의 목적에 따라 어떻게 활용되고 있을까?

새로운 타깃 고객 만들기

"뉴스레터를 통해 TV, 옥외 광고로 닿는 사람들 외에 더 다양한 사람들에게 브랜드를 알리고 싶었어요."

-요기요 김소라 마케터

배달앱 '요기요'는 새로운 타깃 고객과의 접점을 늘리기 위해 음식과 식재료가 만들어지는 장소를 탐험하는 뉴스

〈요기요 디스커버리〉를 발행하고 있는 박찬용 에디터와 김소라 마케터 ⓒ스티비

레터 〈요기요 디스커버리〉를 발행하기 시작했다. 기존에 활용하던 마케팅 방식인 TV 광고와 옥외 광고로는 2030 세대를 설득하기 어렵다는 판단이 있었고, 이는 새로운 마케팅 채널 발굴로 이어졌다.

요기요가 새로운 채널로 이메일을 선택한 이유는 두 가지였다. 이메일은 텍스트 기반이었다. 덕분에 옥외 광고나 TV 광고와는 다른, 차별화된 콘텐츠를 선보일 수 있었다. 또한, 이메일 발행은 실무적으로 난이도가 낮고 마케팅 비용이 저렴했다. 요기요가 데이터를 통해 짐작하는 〈요기요 디스커버리〉의 구독자는 새로운 마케팅 채널로 겨냥하고자 했던 2030

세대와 들어맞았다. 그들이 구체화한 구독자의 모습은 '25세에서 34세 사이의, 텍스트를 좋아하는 직장인'이다. 요기요는 뉴스레터를 통해 타깃 고객에게 브랜드를 알리고, 그 존재감을 강화하고 있다.

미션에 공감하는 고객 만들기

> "'나답게 살고 싶다'는 밑미의 가치에 공감하는 사람들에게 서비스를 알리고 도움이 되는 다양한 콘텐츠를 전하기 위해 뉴스레터를 발행하고 있습니다."
>
> -밑미 김은지

'밑미'는 자아 성장 큐레이션 플랫폼이다. 〈밑미레터〉는 사람들에게 밑미의 서비스가 낯설게 느껴질 수 있다는 고민에서 출발했다. 새롭게 시작하는 브랜드로서 '나답게 살아가는 사람들이 서로 연결된다'는 브랜드의 미션을 알릴 수 있는 매체가 필요했고, 밑미는 발행인과 구독자가 1:1로 소통할 수 있다는 뉴스레터의 장점에 주목했다.

밑미가 펴내는 콘텐츠는 주로 심리를 설명하는 콘텐츠, 혹은 인터뷰 콘텐츠다. '나답게 살아가는 것'에 도움이 되는 콘텐츠를 발행하면서 구독자가 밑미 브랜드의 미션을 가깝게 경험할 수 있도록 했다. 특히 구독자들의 사연을 담은 콘텐츠인 '고민상담소'는 구독자와의 직접적인 소통 창구로 기능하면서 브랜드와 고객이 더욱 밀접하게 소통할 수 있는 계기가 됐다. 〈밑미레터〉는 서비스가 정식 론칭되기 이전인 2020년 8월부터 발행됐다. 지금의 〈밑미레터〉는 브랜드의 성격과 미션, 세계관에 공감하는 핵심 타깃과 이어질 수 있는 계기로 자리 잡았다.

세심하게 소통하기

> "의사 결정과 이해관계가 복잡한 B2B 기업의 뉴스레터 담당자에게. 뉴스레터란 업무의 선택과 집중을 돕는 고객과의 효과적인 소통 수단이에요."
>
> — 플로우 이연주 에디터

업무 관리 협업 툴 '플로우'는 고객이 찾아오길 기다리는 대신, 먼저 고객에게 다가가고자 뉴스레터를 택했다. 플로우는 소개 자료, 고객 사례 등 사용자에게 필요한 소식을 전하기 위해 이메일을 사용한다. 플로우의 이메일 마케팅 전략은 자동화 기능이다. 새로 가입한 회원에게는 가입 축하 메일을 발송하고, 특정 조건을 만족하면 자동으로 이메일을 발송하는 식이다.

플로우가 자동 이메일 기능을 택한 이유는 크게 두 가지였다. 마케팅에 소비되는 인력과 비용, 시간을 줄일 수 있다는 것, 그리고 특정 조건을 만족하는 이들에게 필요한 콘텐츠를 제공할 수 있다는 점이 자동 이메일의 강점이었다. 덕분에 플로우의 서비스를 경험하는 고객은 제때에 필요한 정보를 전달받을 수 있었다. 뉴스레터를 각 구독자에 맞게 개인화하는 것도 하나의 전략이었다. 플로우의 이메일에는 구독자의 이름과 직장, 직책 등의 정보가 담겨있다. 개인화된 정보를 활용하여 구독자 한 명 한 명에게 맞춘 콘텐츠를 읽는 듯한 경험을 줄 수 있었다.

플로우의 이메일 마케팅은 고객 여정을 섬세하게 관리하는 것에 초점을 맞췄다. 고객이 브랜드를 발견하고 인식해, 구매하고 그 이후의 상호 작용을 이어 나가는 것까지, 고객 여정 전반을 뉴스레터로 관리하고 강화했다. 고객과의 밀접한 소통은 가시적인 수치로도 이어졌다. 플로우의 뉴스레터는 평균 오픈율 76퍼센트, 클릭률 6퍼센트를 유지하고 있다.

지속적으로 연결하기

"뉴스레터를 통해 잠재 후원자와 정기 후원 회원에게 서울환

경연합의 존재를 지속적으로 어필하며 관계의 연결망을 이어
나갈 수 있습니다."

- 서울환경연합 오수연 활동가

'서울환경연합'은 잠재 후원자 및 정기 후원 회원과의
관계를 형성하기 위한 수단으로 이메일을 활용한다. 정기 후
원 회원을 위한 소식지 〈e잎새통문〉은 서울환경연합의 활동
정보와 콘텐츠를 투명하게 다루며 정기 후원 회원이 후원을
지속할 수 있도록 신뢰를 구축하는 데 기여하고 있다.

주간 환경 이슈를 보내주는 〈위클리어스〉는 잠재 후원
자에게 서울환경연합의 존재를 어필하는 역할을 한다. 뉴스
레터를 발행한 후 오픈과 클릭 데이터를 분석하며 구독자가
어떤 소식에 관심을 가지고 어떤 정보를 취하는지 세심하게
살핀다. 이 과정을 통해 서울환경연합은 관련 활동에 높은 관
심을 보이는 잠재 후원자를 발견하고, 이들이 후원자로 이어
질 수 있도록 관계를 유지하고 있다.

〈요기요 디스커버리〉 ; 뉴스레터는 차별화 전략

인터뷰이: 김소라 · 박찬용/인터뷰어: 손꼽힌

"뉴스레터는 식빵도, 케이크도 될 수 있는 밀가루 반죽이
에요."

<u>안녕하세요, 독자들에게 뉴스레터 〈요기요 디스커버리〉
에 대해 소개해주세요.</u>

소라 안녕하세요, 배달 플랫폼 요기요의 김소라입니다. 〈요기
요 디스커버리〉는 격주 수요일 발송하는 뉴스레터로, '요기요
의 푸드 탐험'이 주된 콘텐츠예요. 음식이 만들어지는 현장을
방문하는 콘셉트라 주로 공장과 농장, 키친, 그리고 연구소까
지 방문하고 있어요.

찬용 반갑습니다. 〈요기요 디스커버리〉의 제작 실무를 총괄
하는 박찬용입니다. '식품 생산의 현장에 직접 가서 본 걸 전
한다'가 저희의 모토이고요. 요기요에서 섭외 및 발행을 진행
해 주시고, 저는 원고 작성과 촬영 진행, 사진가와의 소통을
맡아서 진행하고 있습니다. 2주에 한 번 함께 취재를 가고 있
어요.

<u>일종의 르포르타주네요, 구독자는 주로 어떤 분들이
세요?</u>

소라 데이터를 보고 짐작해 볼 뿐인데요. 25세에서 34세 사이의 읽는 걸 좋아하는 직장인이 많다고 추정하고 있어요.

메일함을 찾아보니 뉴스레터를 2021년 7월부터 발행했어요. 요기요가 뉴스레터를 시작하게 된 계기가 궁금해요.

소라 2020년에 BI(Brand Identity), CI(Corporate Identity)를 리뉴얼하면서 브랜드를 뜯어볼 기회가 있었거든요. 그때 요기요라는 브랜드가 대중 미디어를 즐겨보지 않는 2030 세대에게 존재감이 작다는 생각이 들었어요. 그리고 새로운 포맷을 통해 TV, 옥외 광고로 닿는 사람들 외에 더 다양한 사람들에게 알려지고 싶었어요. 2030 세대가 대중 미디어, 콘텐츠를 안 본다는 것은 기존의 방식으로는 설득이 어렵다는 뜻이니까요.

박찬용 에디터님이 파트너로 함께 하고 계시는데요. 뉴스레터를 시작하기로 결정하고 섭외하신 건가요?

소라 뉴스레터 포맷을 확정하기 이전에도 텍스트를 선호했어요. 영상이 꼭 안 된다는 건 아니고, 일반적으로 영상이 조금

〈요기요 디스커버리〉의 제작 실무를 총괄하는 박찬용 에디터
ⓒ스티비

더 대중적인 경향이 있다고 생각하는데요. 저희는 텍스트에 기반을 둔 차별화된 콘텐츠로 전개하고 싶었거든요. 이런 생각을 바탕으로 찬용 에디터님과 기획 과정에서 뉴스레터라는 매체를 선택하게 되었어요.

찬용 저 스스로를 정지 화면 에디터, 즉 정지 화면을 구성하고 편집하는 사람이라고 생각해요. 텍스트와 사진이 영상보다 파급력이 떨어지는 것은 사실이지만 실무적으로 제작비가 덜 들고 난이도도 낮다는 것을 강조했어요.

탐험 일지라는 〈요기요 디스커버리〉의 구성과 방향성
은 어떻게 잡게 되셨나요?

찬용 '결과물이 달라지려면 인풋이 달라야 한다는 게 기본이
다', 그리고 '인풋이 다르려면 다른 현장에 가야 한다'의 사고
흐름이었어요. 요기요가 직접 식품을 만들지는 않지만 만들
어진 식품을 중개하는 플랫폼이니까 가장 앞단의 '식품이 만
들어지는 단계'를 보여주면 어떨지 제안했어요. 요기요 측에
서도 동의해 주셨고요.

　　　에디터 입장에서 하나 더 첨언하자면, 기존에 일했던
매체들이 호텔, 파인 다이닝, 고가품 등을 주로 다루면서 물건
의 디테일을 보여주는 브랜딩 문법에 익숙했어요. 명품 시계
를 만드는 장인을 조명하듯이요. 식품 역시 디테일을 보여주
는 게 사람들에게도 신선하고 의미 있는 정보일 거라는 확신
이 있었어요. 이 콘텐츠를 가장 쉽고 와닿게 만들 수 있는 워
딩이 뭘까 소라 님과 함께 고민했어요.

소라 에디터님은 처음에 이걸 탐험이라고 할 수 있냐, 탐구로
해야 하나 고심했는데, 현장에 가야 한다는 방향성은 잡힌 거
니 진행하면서 결정하기로 했어요. 결국 탐험이라는 콘셉트
로 콘텐츠를 시작하게 되었고요.

처음 뉴스레터 구독자는 어떻게 모으셨어요?

소라 기획에 1년이 걸렸고 앱 가입자 개인 정보와는 별개로 새로운 구독자를 모집했어요. 본격적으로 구독자를 모은 건 뉴스레터 첫 발행 7일 전부터 요기요 앱에서 공지를 하는 것에 더해 콘텐츠 로그 뉴스레터에 가볍게 〈요기요 디스커버리〉의 론칭 소식을 알리는 광고를 집행하는 것이었고요. 본래 뉴스레터를 즐겨보는 사람이 다른 뉴스레터를 볼 거라고 생각했거든요. 스타 에디터이신 찬용 님이 공유해 주신 효과도 컸죠.

찬용 소소하게 저도 뉴스레터를 하고 있어서. 클라이언트 잡이지만 스스로 의미를 부여해 즐겁게 하고 있어요. 어떤 의무도 없이 자발적으로 알리고 싶었습니다. 잘 됐으면 좋겠다는 마음으로요.

박찬용 에디터님과 포토그래퍼 분들의 작업이 〈요기요 디스커버리〉를 한층 더 빛내주고 있어요. 구체적으로 어떤 협업 구조로 어떤 프로세스를 거쳐 〈요기요 디스커버리〉를 만드시나요?

소라 한 편의 레터 기준으로 실제 제작에 참여하는 사람은 코너별 에디터 두 명과 사진가, 그리고 〈요기요 디스커버리〉 담당자인 저까지 보통 네 명이에요. 그중에서 탐험은 에디터, 사진가, 담당자가 함께 떠나고 있어요. 콘텐츠 기획을 사전에 함께 하고 섭외는 요기요에서 진행합니다. 취재 및 원고 작성은 에디터님이 담당하고 계시고요. 원고를 받고 나서 간단한 피드백 및 발행, 메타 데이터를 보는 것은 제가 진행하고 있어요.

찬용 저는 섭외가 진행되고 나서 일정을 짜거나 취재 방향을 잡거나 원고 방향을 잡고 작성하는 일, 사진가를 섭외하는 일들을 담당하고 있어요. 지방 취재가 많다 보니 주제와 일정을 고려해 네 분의 포토그래퍼와 함께 하고 있어요.

〈요기요 디스커버리〉를 읽다 보면 '면의 요정'의 시점에서 탐험을 진행하거나 '미나리의 비즈니스 모델'을 전하는 방식으로 매번 구성이 달라서 재밌더라고요. 어떤 마음으로 이런 원고를 작성하세요?

찬용 뻔하지 않은데 뜬금없지도 않은 걸 하는 게 콘텐츠 실무자가 고민하는 지점일 거예요. 1년간 24개의 레터가 발행되었는데 요기요에서 취재처의 다양성은 충분히 만들어주었거든요. 저의 몫은 그 안에서 비슷하게 반복된다는 느낌을 안 받게 하는 것이죠. 말씀해 주신 것처럼 다른 가상의 화자가 나와서 말을 하기도 하고, 일종의 비즈니스 리포트처럼도 작성해 봤어요.

〈요기요 디스커버리〉는 한 편에 4000자 정도의 텍스트에, 열 장이 넘는 사진으로 긴 호흡의 분량이거든요. 어찌 보면 요즘의 콘텐츠 모델에 역행하는 모델이에요. 이 자체로 실험적이고 과연 누가 끝까지 볼까 궁금했는데 결과적으로 대성공까진 아니더라도 만족스러워요.

발행 과정에서 한 가지 더 질문이 있어요. 포토그래퍼 분들의 영역이 건축부터 케이팝까지 무척 다양한데, 디렉션은 어떻게 주세요? 아이스크림이나 라면을 찍어야 할 때 당황하실 수 있잖아요.

찬용 네 분 중 세 분은 다른 매체에서 협업했던 작가님들이에요. 각자 분야의 포트폴리오는 다르지만 '다큐멘터리성 롱 피처 촬영'이라는 것에 대한 이해도가 있어서 '이걸 이렇게 찍어주세요'하는 디렉션을 굳이 드리지 않아요. 가끔 제가 어떤 소재로 이야기를 풀 수 있겠다는 생각이 들 때만 요청드리기는 하고요.

예를 들어, 건축 사진을 촬영하시는 최용준 실장님은 단행본 작업에서 만났는데요. 건축 사진 특유의 시선, 앵글이 정말 감각적이라고 생각했어요. '식품 공장에 모시고 가서 구현을 하면 분명 멋있을 것이다!'라는 확신이 있었어요. 실제로 결과물도, 현장 분위기도 정말 좋았고요.

소라 님을 주축으로 신뢰 기반으로 움직인다는 인상이 들어요. 두 분은 원래 아는 사이셨어요?

소라 원래 에디터님 글을 좋아했었는데, 함께 일은 해본 것은 처음이었어요. 치열한 비딩 속 함께 하게 되었답니다. 내부에서 처음 6개월은 테스트로 해보자는 의견이 있었는데 다행히 긍정적인 효과가 보여 지속하고 있어요.

찬용 〈요기요 디스커버리〉를 만드는 과정에서 소라님이 중심을 잡고 계시기 때문에 가능했던 것이 많죠. 초반의 새로운 콘텐츠의 필요성에 대한 공감대를 내부 설득으로 연결하는 과정에서 자연스레 신뢰가 생겼어요.

이렇게 공들여 만든 콘텐츠로 강남역 무인양품에서 '食品工場(식품공장)' 전시를 열기도 했죠. 무인양품과의 협

업 비하인드 스토리가 궁금합니다.

찬용 저는 디지털과 종이 매체가 좋고 나쁨을 떠나서 각자의 특징이 있다고 생각해요. 가령 뉴스레터에 들어가는 사진이랑 글자가 여러 곳에 패키지로 쓰일 수 있는 재료고, 뉴스레터는 그 방법론의 하나인 것이죠.

웹 매체의 직접적인 한계는 그저 '디스플레이 사이즈'인 거예요. 그래서 아주 단순하게 이 좋은 사진을 독자들에게 큼직한 디스플레이로 보여주자는 마음으로 사진전을 기획했어요. 마침 무인양품의 공간과 타이밍이 잘 맞았고요. 요기요 입장에서도 온라인 플랫폼 회사의 존재감을 오프라인으로 알리는 것에 의미가 있었죠.

〈요기요 디스커버리〉를 발행하시면서 기억에 남는 피드백이 있나요?

찬용 재미가 없다는 말도 저에겐 엄청 의미 있어요. 왜냐하면 봤다는 얘기니까요. 봐야지 재미가 있는지 없는지 알 수 있잖아요. 코멘트가 온다는 것 자체가 감동입니다.

소라 뉴스레터를 생각보다 자세히 봐주는 분들이 많아요. 하

〈요기요 디스커버리〉를 통해 구독자와 소통하고 있는 김소라 마케터 ⓒ스티비

루는 어떤 개발자분이 다크 모드로 〈요기요 디스커버리〉를 읽을 때 불편한 점을 요목조목 알려주셔서 개선할 수 있었어요. 가장 기쁜 코멘트는 뉴스레터를 오래 발행해 달라는 이야기고요.

취재 과정에서 생긴 재밌는 에피소드도 많을 것 같아요.

소라 20개의 삼각김밥을 비교해서 리뷰했던 편이 떠올라요. 조율했던 취재처의 사정으로 취재가 취소되어 부랴부랴 새로운 콘텐츠를 시도했어요. '삼각김밥을 다루는 것이 과연 괜찮을까?' 걱정했죠.

찬용 우리의 일상 근처에서 쉽게 구할 수 있고, 보는 재미가 있고, 은근히 진지한 관심을 덜 받는 게 뭐가 있을까 고민하다가 정했어요. 처음에는 구성원 모두가 삼각김밥 콘텐츠에 갸우뚱했지만, 결과적으로 반응이 좋았어요.

    매번 탐험 난이도를 보는 것도 재밌더라고요. 공장을 취재할 때 어려웠던 점은 없나요?

찬용 오전 조업과 오후 조업이 달라서 취재할 때 하이라이트 조업은 미처 담지 못하는 경우도 있어요. 정교한 작업은 오전에 끝내고 오후에 잔잔한 작업이 남으면 촬영을 진행하는 입장에서는 아쉬울 때가 있는데요. 물리적으로 거리가 있다 보니 어쩔 수 없는 부분이죠.

소라 탐험 난이도가 높았던 곳은 햇반 공장이에요. 협의가 길었고 코로나로 취재가 계속 연기됐었어요. 공장에 들어갈 때 옷을 가장 많이 입었던 곳이기도 해요. 〈요기요 디스커버리〉를 보시는 분들은 아시겠지만 모든 공장이 위생을 정말 철저히 하거든요.

'탐험 일지'가 메인 메뉴라면 뉴스레터 끝에 덧붙이는 '맛집 소개'가 후식처럼 느껴져요. 래퍼 릴보이의 맛집을 알게 되다니 흥미로웠어요. 뉴스레터의 구성, 방향성에 대한 고민이 있었다면 나눠주세요.

소라 초반부터 6개월까지는 담당자의 맛집 코너로 운영하다가 최근부터 사람들이 조금 더 좋아할 만한 분들의 맛집 소개로 바꿨어요. 맛집 코너도 담당하는 에디터분이 따로 있어 다양한 시도를 함께 하고 있어요. 아이스크림 편에서는 사진을 활용해 여름맞이 휴대폰 배경 화면을 공유하기도 했죠.

뉴스레터 구성의 경우에는 처음부터 뉴스레터 전반의 레이아웃을 잡고 가고 싶었지만, 회사 내에서 뉴스레터는 큰 프로젝트가 아니라 디자인에 시간을 더 쓰기가 어려웠어요. 다행히 시간이 지나고 어느 정도 성과가 나면서 썸네일과 레이아웃을 한 번 업데이트하고 훨씬 좋아졌어요. 점점 더 고도화하고 싶어요.

처음 기획할 때로 돌아가서, 스티비를 사용해 뉴스레터를 보내기로 결정한 이유가 있나요?

소라 한국 기업에서 하는 서비스인 만큼 무슨 일이 있을 때

대응을 잘해주실 것 같았어요. 실제로도 그랬고요. 처음 뉴스레터를 시작할 때 신경 써야 할 개인 정보나 광고 동의 같은 정책 관련해서도 스티비에서 도와주셨어요. 휴먼 터치와 빠른 대응, 스티비 말고는 대안이 없었어요.

찬용 〈요기요 디스커버리〉 경험을 토대로 저도 스티비를 사용해 개인 뉴스레터를 시작했어요.

　　소라 님이 뉴스레터 발행 후 가장 중요하게 생각하는 지표는 뭔가요?

소라 오픈율과 그리고 기기 정보요. 〈요기요 디스커버리〉는 데스크톱으로 보는 분들이 많은 편이에요. 그래서 '구독자 중 회사원이 많은가보다'하고 예측하고 있어요. 모두 파악되지는 않지만, 구독 폼 URL 그룹 파라미터 기능을 활용해 유입 경로도 많이 참고하고 있어요.

　　구독자의 데이터를 꼼꼼히 분석하시는 편인가요? 모든 〈요기요 디스커버리〉를 전부 열람한 구독자에게 감사 메일과 선물을 보내주신 것에 감동했어요. '내 마음을 알아주다니' 하고요.

소라 으하하 그랬나요? 데이터를 보면 매번 모든 호를 읽어주시는 분들, 오픈율이 100퍼센트인 분들이 생각보다 많은 거예요. 신규 구독자에 집중하는 만큼 기존 구독자 분들에도 신경 쓰고 싶었어요. 어느 날 충동적으로 만들어둔 비매품 엽서 북을 보냈는데 반응이 뜨거웠어요. 인스타그램에서 태그와 함께 언급해 주는 분들도 계셨고요.

요기요 서비스 성격상 팬덤 베이스의 마케팅을 진행하지 않는데, 이때 〈요기요 디스커버리〉를 태그하며 사랑한다는 댓글이 달려서 깜짝 놀랐어요. 뉴스레터를 통해 좀 더 프라이빗하고, 긴 호흡으로 커뮤니케이션할 수 있었기 때문인 것 같아요. 찡하고 감동적인 순간이었어요.

찬용 꾸준히 발행해 온 〈요기요 디스커버리〉 콘텐츠가 전시도 되고, 엽서 북도 된 거죠. 손에 잡히는 출판물로 만들어지니 소소한 마케팅으로 연결할 수 있었어요. 밀가루 반죽이 식빵도 되고 케이크도 될 수 있듯이 뉴스레터도 다양한 방식과 형태의 콘텐츠로 변주될 수 있어서 매력적이에요.

마지막으로 뉴스레터 시작을 고민하는 분들께 하고 싶은 말을 나눠주세요.

뉴스레터를 재료로 다양한 시도를 지속하고 있는 박찬용 에디터와
김소라 마케터 ⓒ스티비

찬용 출판 업계에서 습관처럼 하는 말이 있어요. '사람들은
긴 글을 읽지 않는다', '종이책은 미래가 없다.' 이런 이야기들
이요. 저는 언젠가부터 그 말을 안 믿게 됐어요. 독자를 기만
하는 것이라고도 생각해요. 객관적으로 한국의 교육 수준, 경
제 규모에서 콘텐츠를 소비하는 독자들이 4000자 정도 분량
의 원고를 읽지 못한다고 가정하면 좋은 콘텐츠를 만들기 어
려워요. 시대에 부응하지 않는 콘텐츠를 만들 순 없으니까요.

　　그래서 〈요기요 디스커버리〉는 제 커리어에서도 나름
대로 의미가 있는 도전이자 시도예요. 텍스트를 생산하는 사
람이라면 뉴스레터를 안 할 이유가 없어요. 뉴스레터를 만들

며 교훈도, 기회도 많이 얻었거든요. 개인 뉴스레터인 〈앤초비 북클럽〉을 만들면서도 여러 번 체감해요.

소라 계속 나온 비유지만, 뉴스레터는 재료를 만들기 좋은 시작이에요. 유튜브는 바로 진입하기 어렵잖아요. 요기요도 전시부터 하려면 어려웠을 텐데, 콘텐츠가 쌓여 있으니 연결할 수 있었던 거죠.

인력과 시간

"매일 아침 이메일을 확인합니다."라는 문장을 읽으면 떠오르는 이미지가 있을 것이다. 10년 전이라면 사람들은 사무실에 앉아 모니터를 확인하는 사람들의 모습을 떠올렸을 것이다. 반면 지금은 지하철에서 스마트폰을 확인하는 사람들을 더 많이 상상하지 않을까. 이처럼 이메일 뉴스레터를 보는 환경이 달라지면서 뉴스레터를 제작하는 과정과 모습에도 변화가 일어나고 있다.

과거에는 이메일 마케팅을 위해서 디자이너와 개발자가 필요했다. 전하고자 하는 모든 정보를 담아 하나의 이미지를 제작해 보내거나, 직접 HTML로 이메일을 코딩해야 했기 때문이다. 반면 스티비와 같은 이메일 뉴스레터 서비스를 사용하면 디자인을 몰라도, 코드 한 줄 없이도, 보이는 그대로 이메일을 쉽게 만들 수 있다. 실제로 이메일 제작에 몇 명이 함께 하고 있냐는 질문에 회사/단체, 개인 구분 없이 혼자 이메일을 제작한다는 응답이 40퍼센트로 가장 많았다.

물론 팀으로 이메일을 제작한다는 응답도 여전히 존재한다. 2~5명이 함께 이메일을 제작한다고 응답한 사람의 비율은 오히려 지난 리포트보다 11.2퍼센트포인트 증가했다. 다만 예전과 다른 점은 구성원의 역할이 달라졌다는 것이다. 이메일 하나를 제작하기 위해 과거에는 마케터, 디자이너, 개

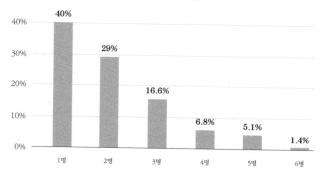

이메일 제작 인원

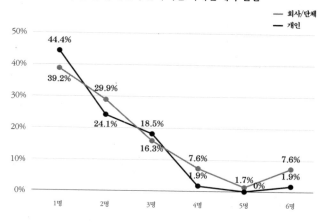

회사/단체, 개인 구분에 따른 이메일 제작 인원

* 355명 응답

발자가 모인 팀이 일반적이었다면, 이제는 콘텐츠를 기획하고 작성하는 마케터만으로 구성된 팀이 등장하기도 한다. 기술적 어려움을 이메일 서비스로 해결하자, 콘텐츠 자체에 대한 집중도가 올랐다고 해석할 수 있다.

> "〈주간 배짱이〉는 브랜딩팀 마케터 네 명이 돌아가면서 글을 쓰고 있어요. 제가 미리 기획하는 걸 좋아해서 매달 중순쯤 다음 달 소재를 다 확정해요. 소재를 공유하는 일은 크게 어렵지 않아요. 저희가 다 마케터이다 보니 평소에도 정보를 많이 공유하거든요. 매주 주간 회의를 하는데, 이때는 해당 주에 발행되는 글과 차주에 발행되는 글에 대한 피드백을 서로 주고받아요. 개요나 방향에 대한 이야기를 나누기도 하고, 글에 대한 첨삭을 하기도 해요. 피드백은 가감 없이 주고받는 편입니다."
>
> — [보낸사람:] 배달의민족 인터뷰 중

이메일 한 개를 제작하는데 사용하는 시간을 통해서도 콘텐츠에 대한 중요도를 확인할 수 있다. 이메일 마케팅에 대한 관심이 높아지면서 이메일 한 개를 제작하는데 소요되는 총 시간은 점점 늘어나고 있다. 그중에서도 특히 콘텐츠를 기획하고 원고를 작성하는 시간이 4시간 48분으로 가장 길다. 단계별 중요도를 묻는 질문에서도 이메일 제작 시 '콘텐츠 기

이메일 제작 시 소요되는 시간

	기획과 제작		분석과 개선		전체
	콘텐츠 기획 및 원고 작성	디자인 및 편집	발송 후 데이터 분석	다음 발송을 위한 개선	
2016년	3시간 23분	2시간 52분	1시간 38분	1시간 37분	9시간 30분
2017년	3시간 24분	3시간 6분	1시간 42분	1시간 42분	9시간 54분
2018년	4시간 6분	3시간 30분	2시간 12분	2시간 6분	11시간 54분
2021년	4시간 15분	3시간 17분	2시간 29분	2시간 55분	12시간 56분
2023년	4시간 48분	3시간 14분	2시간 25분	2시간 51분	13시간 18분

획 및 원고 작성'이 중요하다고 답한 응답자가 가장 많았다.

반면, 디자인과 편집 과정의 경우 3시간 14분으로 2021 년의 리포트보다 줄었고 중요도 순위 또한 한 단계 떨어졌다. 이메일 마케팅 서비스를 사용하게 되면 미리 제작된 이메일 템플릿을 활용하여 콘텐츠를 생산할 수 있다. 서비스의 기능을 활용해 디자인과 편집보다는 원고와 콘텐츠 기획 등, 다른 단계에 더 많은 시간을 썼다고 해석할 수 있는 부분이다.

구독자 모으기

그렇다면 뉴스레터 발행인들은 어떻게 구독자를 수집할까? 구독자를 수집하는 방법으로는 이메일 뉴스레터 구독 페이지를 만들어 사용하는 경우가 58퍼센트로 가장 많았다. 그다음은 홈페이지, 앱 등의 회원 DB를 활용하는 것으로 55.8퍼센트가 응답했다. 회사/단체는 여전히 홈페이지, 앱 등의 회원 DB를 활용하는 경우가 61.8퍼센트로 가장 많았고, 개인은 이메일 뉴스레터 구독 페이지를 사용하는 경우가 83.3퍼센트로 가장 많았다.

2021년과 2023년을 비교했을 때 구독자를 수집하는 방법에도 변화가 있었다. 회사와 단체에서 '구독 페이지를 사용한다'는 응답이 지난 리포트보다 5퍼센트포인트 늘었다. 이는 새로운 잠재 고객을 끌어들이기 위한 방법으로 보인다. 기업 홈페이지의 회원 가입과는 별도로 구독 페이지를 만들면, 정확한 타깃의 고객을 끌어들이기에 효과적이다. 직접 이메일 주소를 입력해 뉴스레터를 구독하는 이는 그 자체로 이미 해당 상품 혹은 서비스에 대한 관심을 가진 사람일 가능성이 높기 때문이다. 스티비 또한 사이트 내에서 회원으로 가입하지 않아도 뉴스레터 〈스요레터〉를 구독할 수 있도록 하고 있다. 이를 통해 이메일 마케팅과 뉴스레터, 콘텐츠에 관심을 가진 잠재 고객을 확보하고 파악한다.

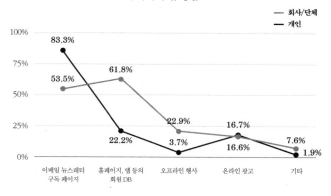

구독자 수집 방법

회사/단체
개인

83.3%
53.5%
61.8%
22.2%
22.9%
3.7%
16.7%
16.6%
7.6%
1.9%

이메일 뉴스레터
구독 페이지

홈페이지, 앱 등의
회원 DB

오프라인 행사

온라인 광고

기타

* 355명 복수 응답

    개인은 직접 만든 브랜드의 홈페이지나 앱의 DB를 이용해서 구독자를 수집한다는 응답이 지난 리포트보다 10.4퍼센트포인트 늘었다. 개인은 퍼스널 브랜딩을 구축하고자 뉴스레터를 시작하는 경우가 많다. 구독자가 늘어남에 따라 뉴스레터가 공통 주제를 함께 이야기할 수 있는 커뮤니티로 발전하기도 하고, 콘텐츠를 판매하는 방향으로 성장하는 경우도 있다. 이를 운영하기 위해 개인 발행인들은 홈페이지, 또는 앱을 만들기도 한다. 개인 발행인이 만들고 운영하는 웹사이트는 주로 뉴스레터에 대한 소개, 혹은 그간 발행된 뉴스레터를 확인할 수 있는 곳으로 활용된다. 이를 통해 구독자가 아니더라도 우연한 검색을 통해 뉴스레터에 접근할 수도 있고, 구독자 또한 다시 보고 싶은 콘텐츠를 쉽게 찾아볼 수 있다.

처음 구독자를 모으는 게 막막하다면 또 다른 채널을 활용해 보기를 추천한다. 구독하지 않으면 읽을 수 없는 뉴스레터의 특성상, 뉴스레터 구독 페이지를 열린 공간에 노출하는 것이 초기 구독자 확보를 위한 방법이 될 수 있다. 웹사이트와 소셜 미디어 등을 통해 브랜드에 관심을 보이는 이들을 발견하고, 그들을 이메일 뉴스레터 구독자로 유입시키는 것이다. 뉴스레터를 통해 브랜드와 서비스에 관심을 가지고 있는 잠재 고객과 긴밀한 관계를 구축하고 유지할 수 있다. 뉴스레터를 알리는 채널로 회사/단체는 홈페이지를, 개인은 인스타그램을 활용하는 경우가 많았다.

몇몇은 이메일 뉴스레터 자체를 홍보하는 온라인 광고를 집행하기도 한다. 양질의 콘텐츠를 발행하는 뉴스레터가 늘어나면서 적극적인 광고와 홍보가 가능해진 덕분이다. 회사 단체, 개인 모두 인스타그램 광고를 집행해 뉴스레터를 적극적으로 홍보하고 있다는 응답이 많았다.

구독자 파헤치기

이메일 뉴스레터 발행인은 구독자가 궁금하기 마련이다. 구독자가 누구인지를 파악해야 이들의 관심사와 반응을 예측할

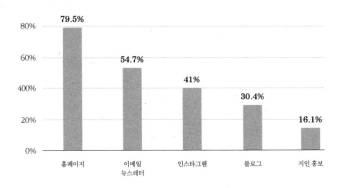

회사/단체 구독자 수집 채널

* 161명 복수 응답

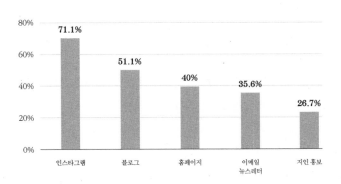

개인 구독자 수집 채널

* 45명 복수 응답

수 있고, 이를 바탕으로 발행인은 더욱 정교한 이메일 마케팅 전략을 수립할 수 있다. 스티비의 기능 중 '사용자 정의 필드'는 구독자를 더 자세히 알아 가기 위해 활용할 수 있는 기능이다. 사용자 정의 필드를 활용하면 이메일 뉴스레터 구독 페이지를 통해 구독자에 대한 다양한 정보를 수집할 수 있다.

이메일 뉴스레터 구독 페이지를 통해 구독자를 모집하는 주소록 1896개를 살펴본 결과, 뉴스레터 발행인들이 구독자로부터 가장 많이 수집하는 정보는 이름, 회사명, 업종, 직무, 관심사 그리고 구독 경로였다. 수집된 정보는 '그룹' 혹은 '세그먼트' 기능을 활용해 세부적으로 분류해 관리할 수 있다. 이 분류를 바탕으로 구독 목적에 따라 구독자를 분리할 수 있고, '메일머지' 기능을 통해 제목, 본문 등에서 구독자 한 명한 명의 이름을 부를 수 있다.

이름 부르기

이름과 닉네임은 많은 발행인들이 보편적으로 수집하는 정보다. 수집한 이름과 닉네임은 메일머지 기능을 통해 이메일 콘텐츠에서 구독자를 호명하는 데 쓰인다. 뉴스레터를 구독한 직후 발송하는 웰컴 이메일에 메일머지 기능을 적용하면 '{이름} 님께 보내는 첫 번째 이메일'과 같은 방식으로 메일을 발송할 수 있다. '구독자님께 보내는 첫 번째 이메일'은 불특정

스요레터
구독하기

이미 구독자이신가요?

이메일 주소*

이름*

구독 경로*

○ 검색

○ 블로그/브런치

○ 트위터

○ 인스타그램

○ 다른 뉴스레터 소개

○ 친구 소개

○ 기타

☐ (필수) 개인정보 수집 및 이용에 동의합니다.

☐ (필수) 광고성 정보 수신에 동의합니다.

구독하기

사용자 정의 필드를 활용해 구독자 이름과 구독 경로를 파악하는
〈스요레터〉구독 페이지 ⓒ스티비

다수를 위한 뉴스레터가 되지만, 구독자의 이름을 부르는 뉴
스레터는 단 한 명을 위한 뉴스레터가 된다. 내 이름을 부르는

이메일은 메일함에 쌓인 수많은 이메일 속에서도 눈에 띄기 마련이다. 친숙한 느낌을 주면서 좋은 인상을 남길 수도 있기 때문에 앞으로 구독자와 발행인이 쌓아갈 무궁무진한 관계의 첫 토대를 닦기에도 좋다.

구독자 분류하기

회사명, 업종, 직무, 관심사 등의 정보를 통해 발행인은 구독자를 그룹으로 분류할 수 있다. 가령 채용 서비스의 뉴스레터 담당자는 구독자의 직무 관심사를 기준으로 콘텐츠를 보낼 수 있다. 마케팅에 관심이 있는 구독자들을 '마케팅' 관심사 그룹으로 묶어 홍보/마케팅 분야의 채용 소식, 마케팅에 도움이 되는 콘텐츠를 보내는 식이다. 나에게 필요한 정보를 담은 이메일을 받는 구독자들은 해당 브랜드가 나의 관심사와 필요에 맞는 콘텐츠를 제공하는 곳이라고 느끼게 된다. 이렇게 쌓인 신뢰는 오픈율과 클릭률이 높아지는, 성과 개선으로도 이어질 수 있다.

이외에 수집할 수 있는 정보로는 구독 경로가 있다. 구독 경로는 신규 구독자가 어떤 채널을 통해 뉴스레터를 발견하고 구독하는지 파악할 때 활용된다. 신규 구독자의 구독 경로를 파악하는 가장 쉬운 방법은 이메일 뉴스레터 구독 페이지를 통해 직접 구독 경로를 물어보는 것이다. 또는 구독 페이지 URL에 '블로그' 혹은 '인스타그램'과 같은 구독 경로의 정보를 파라미터로 추가한다면 구독자가 직접 답하지 않아도 구독 경로의 값을 정보로 수집할 수 있다. 수집한 구독 경로를 통해 뉴스레터가 효과적으로 홍보되는 채널을 발견하면, 이후 어떤 채널에 집중할지 선택할 수 있다.

구독 경험 확장하기

구독자의 이메일 수신 경험을 풍성하게 만들기 위한 방법으로 사용자 정의 필드를 활용하는 방법도 있다. 스티비는 2022년 말, 스티비 이용자를 대상으로 '간결함, 세심함, 친절함'의 가치가 담긴 브랜드 굿즈 'Bee 키트'를 선물하는 이벤트를 진행했다. 이때 참여자들의 이벤트 경험을 확장하기 위한 수단으로 사용자 정의 필드를 사용했다.

    Bee 키트 이벤트는 설문 조사 폼이 아닌 스티비의 이메일 뉴스레터 구독 페이지를 활용해 진행됐다. 이때 이름, 이메일, 전화번호 등 이벤트 당첨 안내에 필요한 정보뿐 아니라 Bee 키트에 담긴 메시지 Easy, Better, Kind 중 가장 마음에 드는 브랜드 가치를 선택할 수 있도록 사용자 정의 필드를 설정했다. 브랜드 가치를 선택한 이벤트 참여자에게는 쉬운Easy 제품을 만드는 제품 팀, 더 나은 것을Better 고민하는 브랜드 팀, 친절한Kind 방식으로 소통하는 운영 팀의 메시지가 담긴

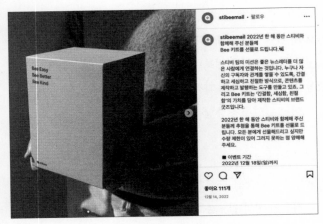

Bee 키트 이벤트를 안내하는 인스타그램 포스팅 ⓒ스티비

자동 이메일이 발송됐다.

Bee 키트 이벤트는 다양한 기능을 활용해 입체적인 이벤트 플로우를 기획한 사례다. 고객의 경험 확장을 위해 사용자 정의 필드, 세그먼트, 자동 이메일 기능을 활용했다. 이벤트 참여자들의 경험은 브랜드의 가치와 철학을 담은 이메일로 확장됐다. 또한 이벤트에 당첨된 이들에게는 브랜드 가치가 물성을 가진 굿즈로 닿을 수 있도록 했다. 이벤트 참여가 단순히 참여하기 버튼을 클릭하는 것에서 끝나지 않고, 긍정적이고 색다른 기억으로 남도록 기획했다.

stibee

구독자 님 안녕하세요. 스티비 브랜드팀의 밀리입니다.
Bee 키트 이벤트에 신청해 주셔서 감사합니다.

구독자 님은 12월을 어떻게 보내시나요?
저는 연말이 되면 다이어리에 적었던 경험을 천천히 살펴봅니다. 올해 브랜드팀은 브랜드 굿즈인
Bee 키트를 제작하고 '스티비스러운 것'을 어떻게 전달할지 오랜 시간 고민하며 보냈어요. 또 마케
팅팀과 함께 'POST-WOMAN: 우리는 메일 보내러 간다', '[보낸사람:] 2022 세미나', '언리미티드
에디션' 행사를 진행해 스티비 사용자분들을 직접 만날 수 있어 기뻤습니다. 내년에도 구독자 님에
게 어떻게 더 나은 경험을 전달할지 고민하며 새로운 다이어리를 골라 새해를 준비해야겠습니다.
😊

신청해주신 Bee 키트는 2022년의 곳곳에서 스티비와 함께해주신 분들께 감사의 마음을 담아 준
비한 선물입니다. Bee 키트는 '간결함, 세심함, 친절함'이라는 스티비의 미션과 가치가 담긴 스티
비의 브랜드 키트인데요. 볼펜부터 머그잔까지 6가지 물품이 담긴 Bee 키트를 통해, 다가오는 내
년에도 일상에서 스티비와 함께해주신다면 좋을 것 같습니다.
자세한 브랜드 키트 제작기는 스티비 블로그에서 확인하실 수 있습니다.

구독자님, 올해도 스티비와 함께 해주셔서 감사합니다.
느긋하고 평온한 연말 보내세요.

밀리 드림.

브랜드 가치 중 'Better'를 선택한 이벤트 참여자에게 발송된 이메
일 ⓒ스티비

〈뉴닉〉과 〈오렌지레터〉; 피드백 받기

오픈율과 클릭률의 숫자가 담지 못하는 것들이 있다. 뉴스레
터에 대한 구독자의 내밀한 생각이나 발행인에게 전하고 싶
은 이야기가 그렇다. 이런 정성적인 정보는 구독자들의 구체
적인 피드백을 통해서만 얻을 수 있다. 구독자의 피드백은 뉴
스레터 발행인이 뉴스레터를 지속해서 발행할 수 있는 동력
이자, 뉴스레터를 더 나은 방향으로 개선할 수 있는 길잡이가

된다. '우리가 시간이 없지, 세상이 안 궁금하냐!'를 슬로건으로 세상 소식을 쉽고 재밌게 전하는 〈뉴닉〉, 더 나은 세상을 꿈꾸고 만들기 위해 노력하는 사람을 위해 다양한 소식을 보내는 〈오렌지레터〉는 피드백을 바탕으로 뉴스레터를 꾸준히 개선하고 있다.

〈뉴닉〉이 주 3일이었던 뉴스레터 발행일을 주 5일로 개편한 것 역시 구독자들의 지속적인 요청에 대한 응답이었다. 뉴스레터를 더 많이 발행하면서 〈뉴닉〉은 구독자와의 스킨십 기회를 늘릴 수 있었고, 더욱 많은 주제를 다룰 수 있게 됐다. 자연스럽게 〈뉴닉〉의 콘텐츠와 기획 역시 다양해졌다. 〈뉴닉〉 팀은 〈뉴닉〉 콘텐츠의 톤 앤 매너가 구독자들이 보내는 피드백에 묻어있고, 그 피드백이 다시 콘텐츠에 영향을 미치는 순환 구조를 가진다고 말한다. 〈뉴닉〉 팀의 콘텐츠 제작, 그리고 구독자와 구축하는 신뢰 관계에 있어 피드백이 주요한 역할을 하고 있는 것이다.

〈뉴닉〉은 신규 구독자가 구독한 지 일주일 째 되는 날 피드백 요청 이메일을 발송한다. 수동적으로 구독자들의 피드백을 기다리는 것에서 나아가 먼저 구독자들에게 말을 거는 방식을 택한 것이다. 적극적인 피드백 수집을 통해 뉴닉 팀은 〈뉴닉〉이 보내는 세상의 다양한 이야기 중에서도 각각의 구독자가 특히 관심을 가지는 분야를 파악하며 가깝게 소통

Hello,
NEWNEEKER!

뉴닉과 함께한 일주일은 어떠셨나요?
고슴이와 뉴닉 팀은 스티비 뉴니커와 조금 더 친해진 것 같아서 기뻤어요.

아! '**뉴니커**'는 **뉴닉을 읽는 사람들**이에요. 아무리 바빠도 세상이 궁금해서, 아침 출근길·등굣길·
이불 속에서 뉴닉을 읽는 따뜻하고 멋진 사람들이죠. 스티비 님, 스티비 뉴니커가 되신 걸 다시
한번 환영합니다! 👏

뉴닉을 더 다양하게 즐기는 몇 가지 꿀팁을 가져와봤어요.

- **오늘의 주요 소식 TOP 3** 📰. 정치, 경제 모두 몰라도 괜찮아요. 월화수목금, 꼭 알아야 할
  주제 3개를 골라, 술술 읽히도록 알려드립니다.
- **5분 정도 시간이 남았다면?** ⏱ 뉴스레터 아래 '**오늘의 1분 뉴스**'를 읽어보세요. 세 줄 정
  리로, 다양한 소식을 전해드립니다. 또 가장 아래 '**고슴이의 댓니**'에서는 훈훈한 소식 담
  아 마음을 따뜻하게 데워드리고요.
- **내용이 간단해 아쉽다고요?** 뉴스레터 내 이렇게 생긴 주황색 밑줄이 보이면 꼭 눌러보세
  요. 뉴닉 웹사이트로 이동하고, **관련한 뉴닉 콘텐츠를 더 볼 수 있어요.**
- **뉴닉 앱도 나왔다며?** 📱 맞아요! 뉴닉 앱에서는 콘텐츠를 더 편하게 볼 수 있어요. 피드
  에선 오늘의 콘텐츠를 한눈에 볼 수 있고, 깜빡하고 놓친 콘텐츠를 다시 보거나 검색해볼
  수도 있어요. (📱고슴이 지금 무료로 다운로드 받으면, 내일부터 더 편하게 볼 수 있슴!)
- **뉴닉 팀한테 할 말 있어!** 💬 뉴닉 팀도 정말 청말 듣고 싶어요! 뉴스레터 하단의 **피드백
  버튼**을 눌러, 솔직한 의견 전해주세요. 뉴닉 팀은 뉴니커의 소중한 의견 한 글자 한 글자
  읽어보고 있답니다.

마지막으로 아래 설문을 눌러, 스티비 뉴니커가 **어떤 분야에 관심 있는지** 알려주시겠어요? 뉴니
커가 알고 싶어하는 소식을 더 정확하게 전달하는 데 큰 도움이 됩니다.

> 일주일 기념 설문하러 가기

그럼 우린 다음 레터에서 만나요!
- 🦔고슴이와 뉴닉 팀 드림

고객센터 | 뉴닉 인스타그램 | 광고정책

NEWNEEK
서울시 마포구 어울마당로 35 5층
수신거부 Unsubscribe

〈뉴닉〉의 피드백 요청 이메일 ⓒNEWNEEK

하고 있다.

〈오렌지레터〉는 구독자를 대상으로 설진행하는 설문조사와 답장 이메일 등의 다양한 채널을 통해 구독자 반응을 파악한다. 이렇게 수집한 구독자들의 의견은 차주 발행될 뉴스레터를 개선하는 것부터 뉴스레터를 리브랜딩하는 것까지, 〈오렌지레터〉 전반에 반영된다. 〈오렌지레터〉의 새로운 슬로건, '혼자만 잘 살면 재미없어'의 아이디어 또한 구독자 설문조사에서 시작됐다. 〈오렌지레터〉의 구독자가 실무자부터 학생까지 다양한 영역에 분포하고 있다는 것을 알게 된 이후, 넓은 스펙트럼의 구독자를 아우를 수 있는 슬로건이 만들어진 것이다.

구독자와 함께 성장하고 있다고 말하는 〈오렌지레터〉는 뉴스레터를 시작으로 구독자와 대화를 나눌 수 있는 창구를 넓히고 있다. '오픈 카톡방'을 부가적인 소통 채널로 활용해 커뮤니티를 형성하고 있고, 이를 통해 〈오렌지레터〉 팀과 구독자뿐 아니라 구독자 사이에서도 더욱 밀접한 이야기가 오갈 수 있도록 했다.

orange letter.

혼자만 잘 사는 건 재미없어

🍊 새로워진 오렌지레터를 만나보세요

짜-잔! 독자님, 오늘 오렌지레터 뭔가 좀 달라진 거 같지 않아요? 소셜섹터 실무자를 위한 뉴스레터에서, 변화를 꿈꾸는 사람들을 위한 뉴스레터로 한 뼘 더 넓어지기 위해 리브랜딩을 진행했어요. 2018년 6월 첫 발행 이후 지금까지 '소셜섹터'라는, 어쩌면 많은 사람에게 아직 낯선 분야에서 입소문만으로 이만큼 성장하기까지 정말 많은 분들의 도움이 있었어요. 변화의 물결을 누구보다 가까이 지켜보며 이제 이 물결이 더 큰 파도가 되어 세상과 부딪쳐야 할 때가 되었다는 생각을 하게 됐습니다. 오렌지레터가 세상을 바꾸는 사람들의 전령이라면, 우리는 최대한 많은 분들에게 그 소식을 닿게 하는 것이 가장 큰 책임일 테니까요. 그런 사명감을 안고 경쾌하고 산뜻하게 한 발짝 나아가기 위해 이것저것 바꿔보았는데요. 차근차근 설명해드릴게요.

1. '오렌지레터' 이름이 명확하게 읽히는 새로운 로고를 만들었어요.
2. 오렌지레터와 메일함 바깥에서 만날 수 있는 전용 창구를 활짝 열어줬어요. <u>블로그</u>, <u>오픈카톡방</u>, <u>인스타그램</u>, <u>트위터</u>에서 만나요!
3. 오렌지색도 기존 오렌지색에서 명도를 높이고 색조를 바꿔 조금 더 밝고 따뜻한 오렌지가 되었어요.
4. 오렌지레터를 가장 잘 나타내는 문구를 만들었어요. '세상을 바꾸는 새로운 발견'!
5. 독자님과 함께 외치고 싶은 슬로건은 "혼자만 잘 사는 건 재미없어"예요.
6. 누구나 세상을 바꾸는 데 동참할 수 있도록 후원/캠페인 카테고리는 중간으로 위치를 옮기고 마감기간까지 계속 노출하기로 했어요.

리브랜딩을 진행하며 여러 가지 결과물을 만들었지만, 그보다 좋았던 건 팀원들과 다 같이 워크숍을 진행하며 오렌지레터의 다음을 상상할 수 있게 되었다는 거예요. 우리는 앞으로도 독자님과 함께 매일같이 일어나는 세상의 변화를 함께 목격하고 새롭게 발견하는 재미를 느끼고 싶어요. 독자님 주변으로 변화의 반경을 넓히는 데 동참해주시면 더 감사하겠어요🙏 리브랜딩 기념으로 신규 독자를 추천하면 추첨을 통해 선물을 드리는 <u>이벤트</u>를 진행하고 있으니 마침 추천하기 딱 좋은 기회죠? 헤헤. 그럼 이번주도 제가 열렬히 응원할게요!

- 누들 드림

리브랜딩 이후 첫 번째 〈오렌지레터〉 ⓒ오렌지레터

3

내 뉴스레터, 얼마나
성공했을까?

SNS에서 우리는 원하든, 원하지 않든 수많은 콘텐츠를 마주한다. 하지만 이메일은 구독 시스템을 기본으로 한다. 불특정 다수를 대상으로 하는 다른 형태의 콘텐츠와는 달리, 이메일 뉴스레터는 읽는 사람이 분명하다는 뜻이다. 이러한 특징 덕분에 이메일 마케팅은 타 마케팅 채널과 달리 성과를 정확히 측정할 수 있고, 이를 바탕으로 개선해야 하는 지점까지 명확하게 발견할 수 있다.

성과 정확히 보는 법

이메일 마케팅을 처음 시작할 때는 이메일 뉴스레터를 어떻게 '잘 만들지'를 고민한다. 잠재적 구독자에게 주목받기 위해, 그리고 전달하고자 하는 내용을 설득력 있게 전하기 위해 콘텐츠 기획과 디자인에 집중하는 단계다. 콘텐츠를 읽어줄 구독자가 모이고 발송 회차가 쌓일수록 '많이 읽히는 것'을 고민하게 된다. 구독자가 원하는 주제 및 형태의 뉴스레터를

성과 발송성공, 발송성공율, 오픈율, 클릭률, 수신거부율 통계는 발송이 모두 완료된 후에 반영됩니다.			
발송성공 ⓘ 51,236	오픈 ⓘ 7,903	클릭 ⓘ 2,448	수신거부 ⓘ 9
98.8%	55.5%	17.2%	0.1%

이메일 뉴스레터의 주요 성과 ⓒ스티비

이메일 마케팅 성과를 이해할 때 필요한 지표

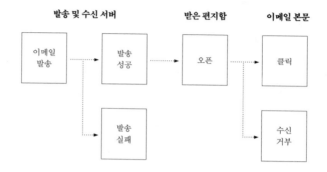

발송하고 있는지 확인하기 위해 데이터 분석과 개선에 집중하게 된다는 뜻이다. 오픈율, 클릭률과 같은 성과 지표에 관심을 갖게 되는 것도 그 이유다.

　이메일 마케팅의 목표와 그 과정에서 참고해야 하는 핵심 지표는 발송 목적에 따라 다르다. 많은 사람들에게 브랜드를 인지시키고자 하는 목적에서는 '구독자 수'가 주요 지표가 되며, 상품 또는 서비스 판매가 목적이라면 '클릭률'이나 '전환율'이 주요 지표가 된다. 이 중 무엇을 선택하든, 해당 지표가 의미하는 바를 정확히 파악해야 더 나은 전략을 수립할 수 있다.

스팸 메일이 되지 않으려면 ; 발송 성공률

가장 먼저 살펴봐야 하는 지표는 '발송 성공률'이다. 흔히 이 메일의 발송 버튼을 누르면 모든 구독자에게 뉴스레터가 닿을 것이라 생각하지만 구독자의 상황, 수신 서비스의 문제 등으로 인해 발송에 실패하는 경우가 있다.

일시적으로 메일 발송에 실패한 경우는 '소프트 바운스'라고 칭한다. 이메일 수신 서비스(Gmail, 네이버 메일, 기업 메일 등)에서 문제가 발생했거나, 구독자의 메일함 용량이 부족할 때를 떠올리면 된다. 대개 소프트 바운스는 일시적인 문제일 가능성이 높기 때문에 여러 차례 다시 시도하면 해결된다. 그러나 영구적으로 이메일을 전달할 수 없는 경우도 있다. 이 경우는 '하드 바운스'라고 칭한다. 구독자가 잘못된 이메일 주소를 입력했거나, 스팸 처리한 경우다. 하드 바운스 된 이메일 주소는 유효하지 않으므로 삭제하거나 따로 분류하는 편이 좋다.

이메일 수신 서비스는 수신자에게 스팸성 이메일이 발송되지 않도록 자체적으로 필터링하거나 차단하는 메커니즘을 가지고 있다. 발송 성공률이 낮으면 내용과는 무관하게 수신 서비스에서 스팸으로 인식하고 분류될 확률이 높아진다. 이는 발송 속도에도 영향을 줄 수 있다.

발송 성공률을 높이기 위해서는 처음부터 전달 가능한

이메일 주소를 수집해야 한다. 구독 신청 과정에서 구독자에게 해당 이메일 주소로 확인 메일을 보내는 '더블 옵트인' 기능을 사용하는 것을 추천한다. 이미 수집된 이메일 주소라도 지속적으로 발송에 실패한다면, 해당 주소를 삭제하면서 발송 성공률을 개선해야 한다. 그 외에도 발송 도메인에 SPF, DKIM 설정을 하거나 발송 도메인을 KISA 화이트 도메인에 등록하는 등, 기술적인 시도를 함께 해볼 수도 있다.

구독자가 보이는 첫 행동 ; 오픈율

이메일이 받은 편지함에 무사히 도착했다면 이제 구독자들의 행동을 분석할 수 있다. 이메일 마케팅에서 구독자가 가장 처음 보이는 행동은 이메일을 열어 보는 것이다. 발송한 이메일이 구독자의 첫 관심을 끌었는지는 '오픈율'로 확인해볼 수 있다. 성공적으로 이메일을 받은 사람 중 이를 클릭해 오픈한 사람을 확인해보는 것이다.

　　같은 내용의 뉴스레터라고 해도 언제, 누가, 어떤 제목으로 보내는지에 따라 오픈율이 달라진다. 메일함에서 이메일을 열어보기 전에 확인할 수 있는 요소들인 이메일 제목, 미리보기 텍스트, 발신자 이름 등을 다양하게 테스트하며 오픈율을 높이기 위한 시도를 해 볼 수 있다.

메일머지를 사용해 이름을 넣어 작성한 제목

- 제목: 놓치면 안 되는 새로운 기능 세 가지
- 제목: ○○님이 놓치면 안 되는 새로운 기능 세 가지

오픈율을 높이는 방법으로는 간결한 문장으로 작성하기, 숫자 또는 날짜 포함하기, 받는 사람의 이름 넣기, 이모지 등을 넣어 눈에 띄는 문장 작성하기 등이 있다. 물론 도움이 될 수 있다. 하지만 이메일 뉴스레터마다 구독자가 다르기에 대다수에게 통하는 규칙이 나에게는 통하지 않을 수 있다. 가령 이모지를 포함하여 제목을 작성하면 눈에 띌 것이라 예상했지만, 구독자가 받는 모든 뉴스레터가 제목에 이모지를 붙여 보낸다면 어떨까? 예상과 다른 결과가 나타날 것이다. 따라서 여러 가설을 시도해 보되 나의 구독자에게 맞는 방법을 발견하는 것이 중요하다.

특히 요즘은 발행인의 '브랜드'가 강조되면서 어떤 제목인지보다 누가 보내는지가 더욱 중요하다고 여기는 경우도 많아졌다. 제목이 아닌 발신인의 이름을 보고 이메일 뉴스레터를 오픈하는 것이다. 만약 정기적인 발송을 통해 구독자와의 관계를 쌓는 형태의 뉴스레터라면, 이목을 집중시키는 무리한 제목을 작성하기보다는 꾸준히 양질의 콘텐츠를 제공하는 것이 더 나은 선택이다. 더불어 구독자의 특성에 따라 발송

시간, 주기의 영향이 클 수도 있으므로 종종 이를 변경해 확인해 보는 것도 좋다.

구독자의 적극적인 행동 ; 클릭률

구독자가 이메일을 열어 보았다면, 이제 이메일의 목적에 맞게 구독자가 행동할 수 있도록 해야 한다. 정보를 전달하는 콘텐츠 뉴스레터라면 이메일을 열고 읽게 만드는 것이 목표일 수 있다. 하지만 이메일 뉴스레터를 매개로 사이트, 콘텐츠 유입과 상품 구매를 유도하고 싶다면 본문에 포함된 링크를 클릭하게 만드는 게 목표가 된다. 이 경우 '클릭률'을 올려야 한다.

클릭률을 높이기 위해서는 무엇보다 콘텐츠의 구성이 중요하다. 구독자가 중요한 정보를 더 잘 파악할 수 있도록 콘텐츠 순서를 조정하거나, 반응형 템플릿을 사용할 수 있다. 또한 본문 레이아웃을 단순하게 구성해 보기 편하게 만들 수도 있다. 클릭해야 하는 영역은 다른 색의 폰트나 밑줄, CTA 버튼을 사용해 강조해야 하며, 해야 하는 행동을 명확하게 안내하는 문구를 작성하는 게 좋다. '자세히 보기', '더보기'와 같은 추상적인 문구보다 '후원하기', '구매하기' 등의 직접적인 문구를 사용하는 것이다. 콘텐츠에서 링크의 개수를 줄여 구독자가 해야 할 행동을 하나로 좁히는 시도도 해 볼 수 있다.

아예 구독자를 여러 조건으로 분류해 상황에 최적화된 콘텐츠를 보내는 것도 하나의 방법이다. 설문 조사 참여를 목표로 한다면, 아직 참여하지 않은 구독자에게만 설문 조사 참여를 요구하는 내용의 이메일 뉴스레터를 작성할 수 있다. 혹은 고객의 인구통계학적 특징과 구매 내역 등을 기반으로 상품 컬렉션을 구성해 이메일 뉴스레터를 발송할 수도 있다.

스포츠웨어 룰루레몬은 기존 상품을 성별, 액티비티, 컬러 등으로 분류해 세부 컬렉션을 구성하고 이를 뉴스레터로 발송한다. 웹사이트에서 원하는 상품을 발견하지 못했던 고객도 뉴스레터의 컬렉션을 통해 상품을 쉽게 접할 수 있게 됐고, 이는 상품 구매로 이어졌다.

이메일 밖에서의 목표 행동 수행 ; 전환율

클릭률과 전환율은 비슷하게 느껴질 수 있지만 서로 다른 지표다. 구독자가 이메일의 링크를 클릭해 외부 웹페이지로 이동한 뒤 목표 행동을 수행하는 것을 '전환했다'라고 한다. 뉴스레터에서 소개한 상품 또는 서비스를 구매하거나, 회원 가입을 하는 행동 등을 말한다.

상품과 서비스를 알리기 위해 마케터들은 여러 채널을 운영한다. 홈페이지, 블로그에 직접 콘텐츠를 작성하기도 하고 검색, 배너 등을 활용한 온라인 광고를 집행하기도 한다.

모든 채널이 동일한 전환율을 가지고 있다면 가장 많은 사람들에게 노출되는 채널을 이용하는 게 효율적이다. 하지만 실제로는 그렇지 않다. 상품 또는 서비스를 전혀 모르는 사람이 웹서핑을 하다 우연히 마주친 배너 광고를 클릭하는 것과 뉴스레터를 구독할 정도의 고관여 고객이 할인 소식을 보고 뉴스레터를 클릭한 뒤의 전환율은 분명 차이가 있다. 시간과 비용의 한계로 인해 모든 홍보 채널을 운영할 수는 없으므로 마케터는 어느 채널이 고객을 모으는 데 효과적인지를 파악해야 한다.

전환율은 이메일 뉴스레터에서 자체적으로 제공하는 지표가 아니다. 이를 측정하기 위해서는 웹페이지에서 데이터를 분석할 수 있는 준비가 필요하다. 이메일 뉴스레터에 UTM 파라미터가 포함된 링크를 사용하면 구독자가 어떻게 유입되고 전환됐는지를 파악할 수 있다. 전환율에는 구독자가 링크를 클릭한 후 마주하는 웹페이지의 구성도 적지 않은 영향을 준다. 마케터와 기획자는 고객 입장에서 뉴스레터의 콘텐츠와 목표 전환에 닿는 과정 모두를 고려할 필요가 있다.

무언가를 바꿔야 한다 ; 수신거부율

이메일을 더 이상 받고 싶지 않은 경우, 구독자는 '수신거부'를 클릭한다. 해당 링크를 클릭한 구독자는 주소록에서 수신거부 상태로 변경되고 이후 발송하는 이메일 뉴스레터를 받지 않는다. 수신거부율은 마케터에게 좋지 않은 지표로 여겨질 수 있다. 그럼에도 구독자가 원한다면 수신거부를 쉽게 할 수 있도록 설정해야 한다. 구독자가 수신거부가 아닌 스팸 신고를 하게 되면, 이메일 수신 서비스가 자체적으로 해당 이메일의 품질이 낮다고 평가해 다른 구독자에게 발송하는 이메일 또한 스팸으로 분류될 가능성이 커지기 때문이다.

수신거부율은 긍정적인 지표로 보기 어려울 수 있으나, 이를 통해 현재 구독자가 원하는 정보를 보내고 있는지를 파악할 수 있다. 특히, 수신거부율이 갑자기 증가한다면 뉴스레터의 발송 빈도를 고려하거나, 모든 환경에서 잘 보이는지 가독성을 확인하는 것이 좋다.

구독자가 수신을 거부하는 이유는 다양하며, 이는 해당 브랜드에 대한 거부가 아닐 수 있다. 시간이 흐름에 따라 구독자의 관심이 변했을 수도 있고 갑자기 받은 편지함을 정리하고 싶은 마음이 들었을지도 모른다. 아예 구독했다는 사실을 까먹었을 수도 있다. 추측을 넘어 확실한 이유를 알고 싶다면 구독자가 수신거부하는 순간에 직접 이유를 묻는 장치를 마련할 수 있다.

수신거부율을 줄이는 방법으로, 뉴스레터의 콘텐츠와 종류를 다양화해 구독자가 직접 원하는 정보를 선택할 수 있도록 해보자. 숙박 공유 서비스 '에어비앤비'는 발송하는 마케팅 이메일의 종류를 구분해 수신 여부를 선택할 수 있도록 한다. 고객은 자신이 관심있는 주제만 구독할 수 있고, 관심 없는 주제를 다루는 이메일은 수신을 거부할 수 있다.

목적과 타깃 ; 구독자 수

발행하는 이메일 뉴스레터의 성격에 따라 타깃 고객의 규모는 달라지고 이는 구독자 수에도 영향을 준다. '영상 콘텐츠를 소개하는 뉴스레터'라는 같은 주제일지라도 주말에 국내/외 영화, 드라마, 애니메이션을 모두 소개하는 콘셉트의 뉴스레터와 오래된 흑백 영화를 소개하는 콘셉트의 뉴스레터를 생각해 보자. 이 둘은 처음부터 전체 모집 가능한 구독자 규모에 차이가 있을 수밖에 없다. 구독자 수를 지표로 성과를 측정하기 전에 내가 발행하는 주제의 시장 규모를 생각해봐야 하는 이유다.

구독자 수가 많다고 무조건 좋은 것은 아니다. 오픈율, 클릭률 등 대부분의 지표들은 구독자 수가 많아질수록 떨어지는 경향을 보인다. 이메일 뉴스레터는 구독을 원하는 사람에게 보내야만 한다. 그래야만 앞서 설명한 지표가 유의미해지며 다음 목표를 잡기에도 수월해진다. 더불어 구독자 수를 기반으로 책정되는 이메일 뉴스레터 서비스의 비용 또한 줄

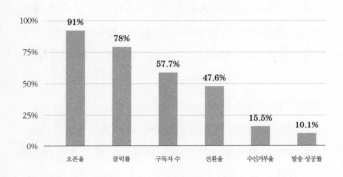

이메일 마케팅에서 중요하다고 생각하는 지표

* 355명 복수 응답

일 수 있다.

무엇이 중요한 지표일까?

스티비는 2016년부터 지금까지 이메일 마케팅에서 중요하다고 생각하는 지표를 설문해 왔다. 응답자들은 앞서 소개한 주요 지표 중 중요하다고 생각하는 지표 세 가지를 선택했다. 쉽게 예상할 수 있듯, 대부분 '오픈율'과 '클릭률'을 택했다. 스티비 2023 이메일 마케팅 리포트에서도 오픈율이 91퍼센트로 가장 높았다.

하지만 모두에게 중요하다고 나에게도 중요한 것은 아

니다. 많지 않아도 친밀한 관계의 구독자를 모으는 것, 혹은 구매 전환율이 높은 상품을 발견하는 것 등, 목표는 각자가 설정하기 나름이다. 이메일 뉴스레터의 성장세에 따라 목표와 집중하는 지표가 달라지기도 한다. 몇몇 뉴스레터는 구독자의 '피드백 비율'을 통해 친밀도를 확인하기도 하며, '링크별 클릭률'을 보며 구독자의 니즈를 충족하고 있는지 판단한다는 응답도 있었다. 모두가 하나의 지표를 따를 필요는 없다. 각자가 설정한 목표에 맞게 중요한 지표 역시 능동적으로 설정해 나가야 한다.

다섯 가지 기준으로 보는 성과 지표

더 나은 뉴스레터를 만들기 위해서는 발행된 뉴스레터가 낸 성과를 정량적으로 평가하는 것이 필수적이다. 오픈율과 클릭률이라는 정량적 성과 지표는 분야, 발송 요일, 구독자 수 등 변수에 따라 다르게 나타난다. 오픈율, 클릭률이 평균적으로 높은 분야도 있고 낮은 분야도 있다. 따라서 자신이 발송한 뉴스레터의 성과 지표를 판단하기 위해서는 자신이 발행하는 것과 유사한 기준의 다른 사례의 성과를 참고해 비교하는 것이 좋다. 그렇다면, 스티비 사용자들의 성과 지표는 발송 목적, 분야, 발송 요일, 발송 빈도, 구독자 수라는 기준에 따라 어떻게 달라졌을까? 실제 사례를 분석해 봤다.

발송 목적 분류

1차 분류	2차 분류
회사/단체에서 사업적인 목적으로 사용	상품 또는 서비스로서의 콘텐츠 제공
	소식 전달을 통한 구독자와의 관계 형성
	웹사이트 내 고객 행동에 따른 이메일 발송
	상품 또는 서비스에 대한 구매 유도
개인적인 목적으로 사용	직무, 학업과 관련된 경험 획득
	개인적인 즐거움, 만족감 획득
	콘텐츠 판매, 광고 등을 통한 개인의 수익 창출 마련
	자신만의 전문성 확보와 홍보를 통한 퍼스널 브랜딩

성과 지표는 발송 목적에 따라 비교할 수 있다. 발송 목적은 1차로 회사/단체의 사업적인 목적, 그리고 개인적인 목적으로 나눌 수 있었다. 회사/단체가 발송한다고 하더라도 모두 같은 목표를 갖고 있는 것은 아니다. 해당 기업이 상품, 또는 서비스로서의 콘텐츠를 제공하고자 하는 것인지, 혹은 상

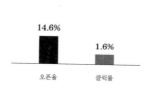

오픈율 14.6%　클릭률 1.6%

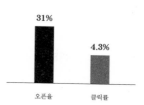

오픈율 31%　클릭률 4.3%

품에 대한 구매를 유도하기 위한 것인지를 구분할 수 있다. 이러한 발송 목적에 따라 주목해야 할 지표는 달라진다.

　회사/단체에서 뉴스레터를 사업적인 목적으로 사용하는 경우, 오픈율은 14.6퍼센트, 클릭률은 1.6퍼센트였다. 개인적인 목적으로 사용하는 경우 오픈율은 31퍼센트, 클릭률은 4.3퍼센트였다. 오픈율, 클릭률 모두 회사/단체보다 개인이 높은데, 개인이 발행하는 뉴스레터가 회사/단체에 비해 구독자 수는 적지만 충성도가 높기 때문인 것으로 보인다. 개인이 발행하는 뉴스레터는 보통 콘텐츠가 좋아서 구독한 사람들이 받아 보는 경우가 많다.

　회사/단체에서 사업적인 목적으로 이메일을 발송하는 경우의 성과 지표를 발송의 세부 목적에 따라 분석해 봤다. 여러 발송 목적 중 상품 또는 서비스로서의 콘텐츠 제공을 위해 이메일을 발송하는 경우, 그리고 소식 전달을 통한 구독자와의 관계 형성을 위해 발송하는 이메일의 경우가 오픈율 13.7퍼센트, 클릭률 1.5퍼센트로 가장 높았다. 웹사이트 내 고객 행동에 따른 이메일 발송이 오픈율 12.8퍼센트, 클릭률 1.3퍼센트로 뒤를 이었다. 상품 또는 서비스에 대한 구매 유도가 오픈율 9.5퍼센트, 클릭률 0.9퍼센트로 가장 낮았다.

개인적인 목적으로 뉴스레터를 발송하는 경우는 어떨까? 직무, 학업과 관련된 경험을 쌓기 위해 발송한 뉴스레터는 오픈율 34.8퍼센트, 클릭률 5.4퍼센트를 기록하며 가장 높은 수치를 보였다. 개인적인 즐거움, 만족감 획득을 위해 이메일을 발송하는 경우가 오픈율 33.5퍼센트, 클릭률 4.8퍼센트로 뒤를 이었다. 콘텐츠 판매, 광고 등으로 수익을 창출할 기회를 마련하기 위해 발송한 이메일의 경우, 33.1퍼센트의 오픈율, 4.7퍼센트의 클릭률을 보였다. 전문성을 확보하고 자신을 홍보하기 위해 발송하는 퍼스널 브랜딩 이메일의 경우 오픈율이 31퍼센트로 가장 낮았지만, 클릭률은 5.2퍼센트로 수익 창출 기회 마련을 위해 이메일을 발송하는 경우(4.7퍼센트)보다 높았다.

발송량이 높은 상위 열 개 업종의 성과 지표를 분석해보면, 미디어가 오픈율 18.7퍼센트, 클릭률 2.3퍼센트로 가장 높았다. 미디어 업종에서 발송하는 이메일은 대부분 새로운 정보를 담고 있거나, 정보에 대한 분석을 담은 콘텐츠가 많아

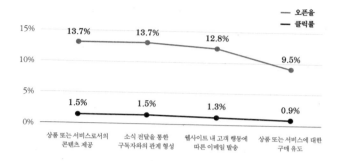

회사/단체의 발송 목적별 오픈율, 클릭률

오픈율
클릭률

15%

13.7%　　　13.7%
　　　　　　　　　　　　12.8%
　　　　　　　　　　　　　　　　　　9.5%

10%

5%

1.5%　　　1.5%
　　　　　　　　　　　1.3%
　　　　　　　　　　　　　　　　0.9%

0%

상품 또는 서비스로서의　소식 전달을 통한　웹사이트 내 고객 행동에　상품 또는 서비스에 대한
콘텐츠 제공　구독자와의 관계 형성　따른 이메일 발송　구매 유도

구독자의 관심도가 대체로 높은 편이다. 오픈율은 예술/엔터
테인먼트가 14.1퍼센트, 비영리 단체가 13.7퍼센트로 뒤를
이었고, 클릭률은 온라인 커뮤니티, 정부/공공기관이 1.5퍼센
트, 비영리 단체, 취업/교육, 금융/부동산이 1.3퍼센트로 뒤를
이었다. 쇼핑 업종이 오픈율(4.1퍼센트)과 클릭률(0.2퍼센트) 모
두 가장 낮았다. 쇼핑 업종에서 발송하는 뉴스레터의 경우, 구
매를 유도하는 광고에 가깝기 때문일 것으로 추측된다.

성과 지표는 발송 요일과 빈도에 따라서도 다르게 나타
난다. 요일별로는 금요일이 오픈율 17.1퍼센트, 클릭률 2.1퍼
센트로 가장 높았고, 수요일이 오픈율 16.6퍼센트, 클릭률
1.8퍼센트로 뒤를 이었다. 주말의 경우, 뉴스레터 발송량이
적은데도 불구하고 오픈율이 낮게 나타났다.

개인의 발송 목적별 오픈율, 클릭률

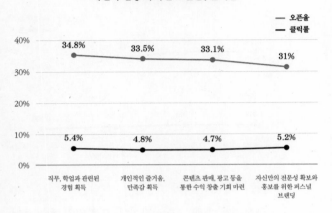

— 오픈율
— 클릭률

	직무, 학업과 관련된 경험 획득	개인적인 즐거움, 만족감 획득	콘텐츠 판매, 광고 등을 통한 수익 창출 기회 마련	자신만의 전문성 확보와 홍보를 위한 퍼스널 브랜딩
오픈율	34.8%	33.5%	33.1%	31%
클릭률	5.4%	4.8%	4.7%	5.2%

업종별 오픈율, 클릭률

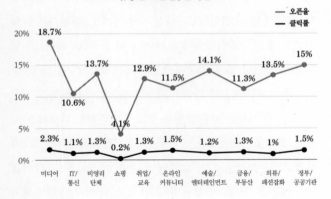

— 오픈율
— 클릭률

미디어 18.7% / 2.3%
IT/통신 10.6% / 1.1%
비영리단체 13.7% / 1.3%
쇼핑 4.1% / 0.2%
취업/교육 12.9% / 1.3%
온라인 커뮤니티 11.5% / 1.5%
예술/엔터테인먼트 14.1% / 1.2%
금융/부동산 11.3% / 1.3%
의류/패션잡화 13.5% / 1%
정부/공공기관 15% / 1.5%

발송 빈도별로는 주 2회 발송하는 경우가 오픈율 18.1퍼센트, 클릭률 2.1퍼센트로 가장 높았고, 오픈율은 월 1회가 17.6퍼센트, 클릭률은 주 3회 이상이 2퍼센트로 뒤를 이었다. 자주 발송하면 구독자들의 선호도가 떨어질 것이라는 일반적인 인식과 달리, 주 2회, 주 3회 이상 발송하는 뉴스레터의 오픈율, 클릭률이 다른 경우보다 오히려 높은 편이었다. 자주 발송한다고 해도 양질의 콘텐츠만 있다면 높은 성과를 보일 수 있다는 걸 증명하는 수치다.

구독자 수에 따른 성과 지표는 어떨까? 구독자 수가 많을수록 오픈율과 클릭률은 떨어지는 경향이 있다. 구독자 5만 명 이하인 이메일을 5000명 단위로 구분했을 때, 구독자 수가 적은 1~5000명 구간은 오픈율 26.1퍼센트, 클릭률 3.6퍼센트의 수치를 보였고, 가장 높은 4만 5001~5만 명 구간은 오픈율 11.3퍼센트, 클릭률 1.2퍼센트였다. 구독자가 열 배 늘었을 때 오픈율, 클릭률은 절반 이상 줄어든 것이다. 1~5,000명 구간을 500명 단위로 구분해 보면, 구독자 수가 적은 1~500명 구간은 오픈율 40.2퍼센트 클릭률 6.9퍼센트의 수치를 보였고, 가장 높은 4500~5000명 구간은 오픈율 22.8퍼센트, 클릭률 2.7퍼센트의 수치를 보였다.

다섯 가지 기준에 따라 오픈율, 클릭률이 어떻게 달라지는지 분석해 봤다. 자신이 발행하는 뉴스레터의 성과 지표

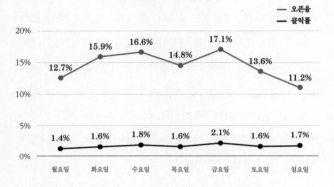

발송 요일별 오픈율, 클릭률

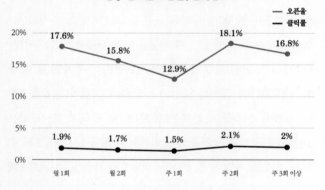

발송 빈도별 오픈율, 클릭률

가 어느 정도 수준인지 가늠할 때 해당 데이터를 참고할 수 있을 것이다. 자신의 성과 지표가 평균 수치보다 낮거나 높다면 그 원인을 분석하고 더 나은 콘텐츠를 생산할 수 있다. 이 분석 결과가 절대적인 것은 아니다. 여러 요인이 함께 작용하며 성과 지표에 복잡하게 영향을 미치기 때문이다. 같은 업종의 이메일이라고 하더라도, 구독자를 모은 방법, 이메일이 제공하는 가치 등에 따라 구독자의 반응 강도가 다를 수 있다. 혹은 이 분석 기준에 포함되지 않은 다른 요인이 있을 수도 있다. 예를 들어, 오랫동안 구독자를 모으고 관리하며 충성도가 낮은 구독자를 꾸준히 관리하고 걸러 내 왔다면, 구독자가 많아도 오픈율, 클릭률이 높을 수 있다.

'남들에 비해 나는 이렇다'라는 단순 비교는 큰 의미가 없다. 성과 지표를 분석한 결과를 제대로 활용하기 위해서는 자신이 발행하는 뉴스레터의 성과를 개선할 수 있는 요인이 무엇인지 고민하고, 계속해 새로운 시도를 이어 나가야 한다. 오픈율이 20퍼센트이고 매주 월요일에 발송하고 있다고 가정해 보자. 월요일에 발송하는 이메일의 평균 오픈율은 12.7퍼센트이고 금요일은 17.1퍼센트다. 이 경우, 평균에 비해 오픈율이 충분히 높다고 생각할 수도 있다. 하지만 월요일보다 금요일이 평균 오픈율이 높기 때문에 발송일을 금요일로 변경하는 새로운 방법을 고려해 볼 수 있다. 성과 지표를 분석하

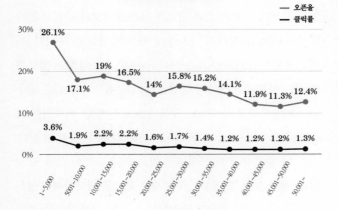

구독자 규모별 오픈율, 클릭률

— 오픈율
— 클릭률

* 단위: 명

고, 성과를 개선하기 위한 시도를 반복하는 것은 결국 구독자의 만족도를 높이기 위한 노력이다. 이 노력은 더 많은 구독자로 이어진다.

성과는 언제 확인해야 할까

이메일 마케팅에서 오픈율과 클릭률은 구독자의 관심도, 행동 등을 파악할 수 있는 중요한 지표다. 그렇다면 이러한 성과를 측정할 수 있는 오픈율과 클릭률 등의 지표는 언제 확인하는 게 가장 정확할까? 구독자마다 이메일을 열어보고, 반응하

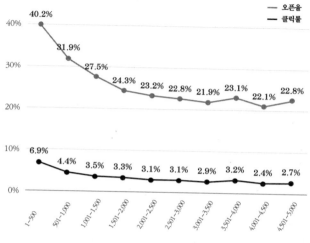

1~5,000명 구간 구독자 규모별 오픈율, 클릭률

오픈율: 40.2%, 31.9%, 27.5%, 24.3%, 23.2%, 22.8%, 21.9%, 23.1%, 22.1%, 22.8%

클릭률: 6.9%, 4.4%, 3.5%, 3.3%, 3.1%, 3.1%, 2.9%, 3.2%, 2.4%, 2.7%

구간: 1-500, 501-1,000, 1,001-1,500, 1,501-2,000, 2,001-2,500, 2,501-3,000, 3,001-3,500, 3,501-4,000, 4,001-4,500, 4,501-5,000

* 단위: 명

는 시점은 다르기 때문에 오픈율과 클릭률은 계속해서 변할 수밖에 없다. 그러다가 특정 시점이 되면 오픈이 발생하지 않을 것이고, 그때 비로소 이메일의 최종 오픈율을 알 수 있을 것이다. 하지만 무한정 기다리는 것은 불가능하다. 빠른 시일 안에 정확한 자료를 얻는 것은 향후의 마케팅 방향성을 정하는 것에 필수 요소이기 때문이다. 너무 늦지 않게, 그리고 가장 정확한 시점에 오픈율과 클릭률 등의 성과를 확인하는 게 중요하다.

그렇다면 언제 오픈율과 클릭률을 확인하는 게 가장 효과적이고 정확할까? 2022년 7월부터 10월까지, 이메일 발송 이후 오픈율과 클릭률의 변화 추이를 분석해 봤다.

이메일을 오픈, 클릭한 전체 구독자를 각각 100퍼센트라고 했을 때, 발송 당일에 이메일을 오픈한 구독자는 전체 오픈 구독자의 70.2퍼센트, 발송 당일에 링크 등을 클릭한 구독자는 전체 클릭 구독자의 63.9퍼센트다. 만약 발송 당일에 오픈율을 확인한다면, 전체 오픈의 70.2퍼센트만 반영하는 것이고 나머지 약 30퍼센트는 반영하지 못하는 것이다. 발송 당일의 오픈율이 20퍼센트였다면, 최종 오픈율은 이보다 8.5퍼센트포인트 높은 28.5퍼센트일 가능성이 높다. 발송 2일차에 이메일을 오픈한 구독자는 전체 오픈 구독자 중 84퍼센트, 클릭은 78.8퍼센트, 3일차의 경우 오픈은 87.7퍼센트, 클릭은 83.4퍼센트가 발생한다. 2주 뒤인 15일 차에는 오픈은 97.6퍼센트, 클릭은 97퍼센트가 발생한다.

일자별 변화 폭을 비교해 보면, '너무 늦지 않은, 하지만 이후에도 큰 변화가 없을 만큼의 시점'이 발송 4일 차라는 것을 알 수 있다. 4일 차까지는 오픈율, 클릭률의 변화가 크지만, 5일 차부터 증가 폭이 2퍼센트포인트 이하로 낮아지고 그 이후에는 변화가 크지 않다. 4일 차까지 오픈은 전체의 90.2퍼센트, 클릭은 86.7퍼센트가 발생한다. 여전히 전체 오픈, 클

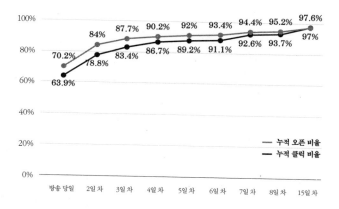

발송 후 시간에 따른 누적 오픈, 클릭 비율

- 누적 오픈 비율
- 누적 클릭 비율

	방송 당일	2일차	3일차	4일차	5일차	6일차	7일차	8일차	15일차
오픈	70.2%	84%	87.7%	90.2%	92%	93.4%	94.4%	95.2%	97.6%
클릭	63.9%	78.8%	83.4%	86.7%	89.2%	91.1%	92.6%	93.7%	97%

릭의 10퍼센트 이상을 반영하지 못하는 시점이지만, 이후에
는 변화 폭이 크지 않기 때문에 시간이 더 흐른다고 해서 정
확도가 크게 상승하지는 않는다. 4일 차의 오픈율, 클릭률은
전체 오픈의 90.2퍼센트, 클릭의 86.7퍼센트만 반영하는 것
이기 때문에, 4일 차에 확인한 오픈율, 클릭률은 최종 오픈율,
클릭률에 비해 각각 약 11퍼센트, 약 15퍼센트 낮다고 볼 수
있다. 예를 들어, 4일 차 오픈율이 20퍼센트, 클릭률이 10퍼
센트라면, 최종 오픈율은 22.2퍼센트, 클릭률은 11.5퍼센트
로 예상해볼 수 있다.

　이러한 예상치가 정확한 것은 아니지만, 평균적인 지표

를 참조하여 가장 효과적인 때에 성과를 측정할 수 있다. 1일 차의 오픈율, 클릭률로 4일 차의 오픈율, 클릭률을 예상해볼 수 있고, 4일 차에 확인한 오픈율, 클릭률이 평소보다 낮다면 더 기다릴 필요 없이 그 이메일에 문제가 있다고 판단할 수 있다. 그리고 원인을 빠르게 분석해 이후에 발송하는 이메일 을 수정, 보완할 수 있을 것이다.

구독자가 원하는 뉴스레터 찾아가기

한 번에 대량 정보를 전하며 불특정 다수에게 콘텐츠를 노출 하던 기존 마케팅과 달리, 이메일 뉴스레터는 능동적으로 구 독을 결정한 이들에게 정보를 전달하며 관계를 쌓아간다. 이 메일 뉴스레터를 보낸 뒤 확인할 수 있는 데이터에는, 누구보 다 우리 브랜드 가치에 공감하는 고객들의 목소리가 담겨 있 다. 따라서 이메일 뉴스레터를 보내기로 결정했다면, 데이터 분석을 통해 그들이 바라는 바를 파악하고 개선해 나가야 한다.

이메일 마케팅의 성과 지표에는 여러 요인들이 영향을 미친다. 제목부터 콘텐츠, 구독자를 처음 모으는 방법 등, 모 두가 이메일 마케팅의 성과를 좌우하는 요인이다. 모두에게 같은 답이 통할 리 없다. 그럼에도 불구하고 마케터들이 더 나 은 선택을 할 수 있도록 도움을 줄 수 있는 방법 몇 가지를 소개하고자 한다. 바로 이메일 자동화와 A/B 테스트다.

고객이 원할 때 보내는 뉴스레터 ; 이메일 자동화

이메일 마케팅에서 자동화란, 미리 설정한 발송 조건에 따라 이메일을 자동으로 발송하는 방식을 의미한다. 스티비는 '자동 이메일' 기능을 통해 이메일 자동화 서비스를 제공하고 있다. 2023 이메일 마케팅 리포트 설문에 참여한 응답자 중 37.5퍼센트가 이메일 자동화를 사용하고 있다고 응답했다.

많은 사람들이 '언제' 이메일을 보내면 좋은지를 묻는다. 답은 '고객이 원할 때'다. 고객이 웹사이트에 가입했을 때 발송하는 할인 쿠폰과 웰컴 이메일, 혹은 상품 구매 직후 발송하는 상품 이용 가이드 등을 떠올릴 수 있다. 같은 내용이라도 어느 타이밍에 메시지를 전달하느냐에 따라 오픈율과 클릭률은 큰 차이를 보인다. 또한 이메일 자동화는 인력과 시간 리소스를 줄이는 데도 효과적이다. 자동 이메일을 통해 확보한 시간과 인력을 뉴스레터 콘텐츠 기획과 구독자 관리 등에 활용할 수 있다. 자동 이메일 기능을 유용하게 활용한다면 고객의 니즈를 제때에 충족시키며 좋은 관계를 구축해 나갈 수 있다. 실제로 이메일 마케팅 리포트에 따르면 이메일 자동화를 사용하는 발행인 중 81.2퍼센트가 신규 고객과의 관계를 구축하기 위해서 자동 이메일을 사용하고 있다고 응답했다.

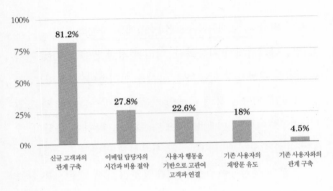

이메일 자동화를 사용하는 이유

* 133명 복수 응답

효과적인 이메일 자동화를 위해서는 언제, 어떤 내용의 이메일을 보낼지를 먼저 결정해야 한다. 이를 위해서 고객의 입장에서 서비스를 경험하는 플로우와 그때 느끼는 감정을 정리해볼 필요가 있다. 스티비에서는 새롭고 즐거운 이메일 경험을 만드는 뉴스레터 크리에이터들에게 요금 및 홍보 등의 지원을 해주는 '크리에이터 트랙'을 운영한다. 심사를 거쳐 선정된 크리에이터에게는 선정 결과를 이메일로 알린 뒤, 웰컴 이메일을 발송한다. 스티비 크리에이터로서 해야 하는 일에 대한 궁금증이 생길 무렵, 크리에이터 선정을 축하하며 알아야 하는 정보와 해야 하는 일을 안내하는 것이다. 고객이 원하는 콘텐츠를 적합한 타이밍에 보냈을 때, 고객의 집중도와 만족감은 높아질 수밖에 없다. 크리에이터 트랙에서 발송하는 '웰컴 이메일'의 오픈율은 70.9퍼센트, 클릭률은 59.8퍼센트로 평균을 훨씬 뛰어넘는 수치를 기록하며 이를 증명하고 있다.

성과 실험하기 ; A/B 테스트

자동 이메일을 활용해 언제, 어떤 내용을 어떻게 보내야 할지 모르겠다면, 한 가지 콘텐츠를 두 가지 버전으로 만드는 방법도 있다. A/B 테스트 기능을 통해 두 가지 버전으로 성과를 비교할 수 있다. 예를 들어 다른 조건은 동일하게 설정하되 이메일 제목만 달리하여 테스트 집단에게 발송하는 것이다. 둘의 지표를 비교한 후, 성과가 더 좋은 제목으로 나머지 집단에게 보내면 된다.

스티비에서도 이번 이메일 마케팅 리포트 설문 조사를 진행하기 전, 더 많은 참여를 유도하기 위해 '이메일 제목'을 A/B 테스트했다. 하나는 의도가 명확하게 드러나는 방향으로 제목을 작성했고, 나머지 하나는 질문 형태로 궁금증을 유발하는 질문 형태의 제목을 작성했다. 둘 중에서는 후자가 근소하지만 더 많은 참여를 유도한 것을 확인할 수 있었고, 해당 제목으로 전체에게 발송하여 클릭률 2퍼센트의 결과를 얻었

이메일 제목을 A/B 테스트한 결과

성과	테스트 그룹A	테스트 그룹B
이메일 제목	(광고)스티비 2023 이메일 마케팅 리포트 설문조사	(광고)스티비 2023 이메일 마케팅 트렌드는 어땠을까요?
발신자 정보	스티비	스티비
발송한 날짜	2022. 10. 20. 오후 5:31	2022. 10. 20. 오후 5:31
발송 성공	1433	1457
발송 실패	119	95
수신거부	0	0
오픈	365	404
클릭	23	29

다. 2년 전, 2021년 리포트 제작을 위해 설문 조사 참여를 요청했던 이메일의 클릭률은 0.9퍼센트였다. 물론 이 두 개의 이메일은 '설문에 참여하도록 한다'는 목적은 같아도 서로 다른 시점에 발송된 다른 내용의 이메일이다. 따라서 이 모든 결과가 이메일 제목 때문이라고 볼 수는 없다. 하지만 이번에는

A/B 테스트 사용 여부

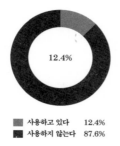

12.4%

■ 사용하고 있다　12.4%
■ 사용하지 않는다　87.6%

A/B 테스트 항목

83%

■ 이메일 제목　83%
■ 발송 시간　12.9%
■ 발신자 이름　4.1%

A/B 테스트 덕분에 더 나은 버전을 보낼 수 있었다는 사실만
은 분명하다.

　스티비 사용 데이터를 분석했을 때, 12.4퍼센트가 A/B
테스트를 사용하고 있었다. 스티비에서는 이메일 제목, 발신
자 이름 그리고 발송 스케줄 세 가지 항목으로 A/B 테스트를
시도해볼 수 있는데, 테스트 항목으로는 이메일 제목이 83퍼
센트로 가장 많았다. 성과 지표를 향상시킬 방법에 대해 고민
한다면 몇 가지 가설을 세우고 A/B 테스트를 설계해 보자. 발
신자 이름에 회사명이 아닌 발신자 개인의 이름을 적으면 구
독자들이 친근함을 느껴 이메일을 열어 볼 것이라는 가설을
세울 수 있다. 데스크톱 오픈 비율이 높다면 구독자들이 출근
후에 이메일을 확인한다는 가설을 세워 발송 시간을 출근 후

인 오전 10시로 변경해 볼 수도 있다. 각자의 목표와 상황에 맞게 테스트하며 가장 유리한 조건을 찾아 나서는 것이 중요하다.

크리에이터 경제, 미디어 생태계의 변화

'에어비앤비Airbnb'와 '우버Uber'로 대표되는 공유 경제Sharing Economy가 2010년대를 휩쓸고 지나갔다면, 2020년대는 크리에이터 경제Creator Economy로 시작했다. 크리에이터 경제는 누구나 창작자가 돼 손쉽게 콘텐츠를 올리고 이를 통해 수익을 올리는 생태계를 말한다.

유튜브Youtube, 인스타그램Instagram, 틱톡Tiktok과 같은 플랫폼에서 높은 수익을 내는 크리에이터가 등장한지는 오래됐지만, 그들이 대중매체에 본격적으로 등장한 것은 2020년대에 들어서다. 더불어 크리에이터 경제를 표방하는 플랫폼들도 주목받기 시작했다. 크리에이터가 구독자로부터 정기 후원을 받아 안정적인 수익 구조를 만들 수 있게 돕는 '패트리온Patreon'은 2013년에 시작해 누적 투자금 약 5300억 원을 달성했고 2021년에는 약 5조 원의 기업 가치를 인정받았다. 오디오 기반 소셜 미디어 '클럽하우스Clubhouse', 유료 뉴스레터 플랫폼 '서브스택Substack'과 같은 새로운 형태의 플랫폼도 등장해 인기를 끌었다. 기존의 대형 플랫폼은 크리에이터를 후원하는 기능을 선보이거나 플랫폼이 거둔 수익의 일부를 크리에이터에게 지급하는 프로그램을 만들어 이러한 흐름에 대응했다. 유튜브가 만든 슈퍼챗과 트위터의 슈퍼팔로우 기능, 틱톡의 크리에이터 펀드와 유튜브의 쇼츠 펀드가 대표적인 사례다.

크리에이터 경제에서 이메일이 주목받기 시작한 것은 서브스택 때문이었다. 서브스택은 이메일 뉴스레터를 제작, 발행하고 유료로 판매할 수 있는 기능을 제공하는 플랫폼이다. 서브스택 이전까지 이메일 뉴스레터로 수익을 만드는 것은 기획과 콘텐츠를 생산하는 것 외에도 상당한 기술적인 노력이 들어가는 일이었다. 물론 이메일 뉴스레터의 제작과 발송을 돕는 도구는 많았지만, 유료 뉴스레터를 운영하기 위한 결제 시스템, 멤버십 시스템까지 제공하는 도구는 많지 않았다. 서브스택은 이 문제를 해결했다. 서브스택은 발행인이 뉴스레터를 제작하고 월간, 연간 베이스의 정기 구독 시스템을 운영할 수 있도록 했다. 또한 유료 구독자를 관리하는 도구를 제공해 개인이 간편하게 수익을 창출할 수 있도록 했다.

서브스택은 〈스트래터처리Stratechery〉를 운영하는 벤 톰슨Ben Thompson이라는 1인 독립 저널리스트에게 영감을 받아 시작했다. 벤 톰슨은 유료 뉴스레터 모델의 개척자로 불린다. 그는 독립 저널리스트가 유료 뉴스레터로 큰 성공을 거둔 대표적인 사례로 잘 알려져 있다. 한 블로거는 2020년 벤 톰슨의 1년 수익을 약 39억 원으로 추정했다. 벤 톰슨의 성공은 유튜브와 같은 콘텐츠 플랫폼에서 크리에이터가 거둔 성공을 떠오르게 한다.

〈스트래터처리〉웹사이트 ⓒSTRATECHERY

서브스택은 누구나 벤 톰슨처럼 뉴스레터로 자신만의
수익 구조를 만들 수 있게 돕는 도구다. 이런 지점 덕분에 서
브스택은 미디어의 새로운 대안으로 떠올랐다. 2021년 기준
상위 열 명이 서브스택으로 번 수익이 약 330억 원에 달했고,
서브스택 플랫폼 전체의 유료 구독자는 100만 명에 달했다.[5]
서브스택에서 가장 높은 수익을 내는 것으로 알려진 미국의
엔젤 투자자 레니 라치츠키Lenny Rachitsky는 2021년 말 기준 약
3300명의 유료 구독자를 확보해 약 4억 7000만 원의 연 수익
을 낸 것으로 알려졌다.[6] 서브스택은 가능성을 인정받아 실리
콘밸리의 유명 벤처 캐피털인 '앤드리슨 호로위츠Andreessen

Horowitz*로부터 2019년에 약 200억 원, 2021년에 약 850억 원을 투자 받았다.

서브스택을 시작으로 유료 뉴스레터 모델이 주목받으면서 기존 대형 플랫폼들도 이 흐름에 가세했다. 트위터는 2021년 서브스택과 유사한 유료 뉴스레터 플랫폼 '레뷰Revue'를 인수했고 페이스북은 뉴스레터를 발행하고 수익화할 수 있는 플랫폼 '불리틴Bulletin'을 선보였다. 하지만 얼마 지나지 않아 분위기는 완전히 바뀌었다. 2022년 서브스택은 후속 투자 유치에 실패했다. 경기 침체의 영향도 있었지만, 전체 직원의 14퍼센트를 감원하기도 했다. 트위터의 레뷰와 페이스북의 불리틴은 2023년, 서비스를 종료했다.

2022년 10월, 서브스택의 공동 창업자 해미쉬 맥킨지Hamish McKenzie는 〈우리를 '뉴스레터 경제'나 '크리에이터 경제'라고 부르지 말아달라〉[7]는 글에서 "서브스택이 하는 일은 뉴스레터 트렌드나 크리에이터 경제 트렌드에 있지 않다"고 밝히며 선을 그었다. 하지만 서브스택이 뉴스레터, 크리에이터와 선을 그은 것은 아니다. 서브스택은 자사의 뉴스레터 플랫폼이 잠시의 트렌드로만 소비되고, 관심이 식어가는 것을 경계했다. 서브스택은 자신이 하는 일을 작가와 크리에이터가 기존의 미디어나 플랫폼에서 벗어나 새로운 수익을 만들 수 있는 미디어 환경을 만드는 것으로 정의했다.

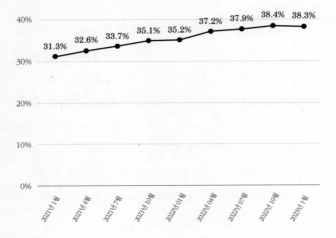

스티비 내 크리에이터 사용자의 증가

이메일 뉴스레터 시장 속 크리에이터의 부상은 국내 이메일 뉴스레터 시장도 비슷했다. 이슬아 작가의 〈일간 이슬아〉를 시작으로 작가들의 다양한 뉴스레터가 등장했다. 〈일간 이슬아〉는 월 1만 원을 내면 한 달 동안 매일 에세이 형식의 글을 보내주는 뉴스레터다. 2018년부터 2022년까지 여러 시즌에 걸쳐 발행됐다. 이메일 뉴스레터를 발행하는 크리에이터는 주로 뉴스 큐레이션, 콘텐츠 큐레이션, 에세이 등을 발행한다. 스티비에서도 2021년부터 크리에이터 유형의 사용자 수가 빠르게 늘기 시작했다. 크리에이터 유형 사용자의 비

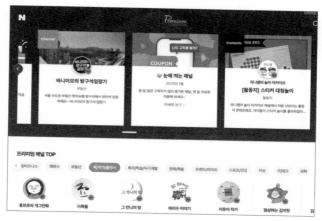

네이버 프리미엄 콘텐츠 ⓒ네이버

율은 2021년 1월 31.3퍼센트에서 2023년 1월 38.3퍼센트로 높아졌다.

크리에이터의 부상에 따라 국내에서도 서브스택과 유사한 유료 뉴스레터 플랫폼들이 등장하기 시작했다. 네이버는 콘텐츠를 유료로 판매하고 뉴스레터로 발행할 수 있는 '프리미엄 콘텐츠'를 오픈했고, 카카오는 콘텐츠를 큐레이션 해 구독자를 모을 수 있는 '카카오 뷰'를 오픈했다. 스티비도 꾸준히 증가하는 크리에이터의 수요에 맞춰 2021년 유료 구독 기능과 페이지 기능을 출시했다. 크리에이터들은 페이지와 유료 구독 기능을 통해 뉴스레터를 상품화해 신규 구독자를 모으고, 수익을 거둬들일 수 있었다. 〈커피팟〉, 〈스타트업〉 등이 스티비로 유료 뉴스레터를 발행하며 수익을 만들어내고 있다.

유료 구독 모델 외에도, 뉴스레터를 수익화하는 방법은 다양하다. 제작자들은 뉴스레터 안에 광고를 싣기도 하고, 외부 채널과의 콘텐츠 제휴를 진행하기도 한다. 이러한 수익화 시도가 '크리에이터 경제'와 함께 지나가는 트렌드로 그칠지, 서브스택의 말처럼 미디어 환경의 변화로 이어질지는 아직 모른다. 확실한 것은 이메일 뉴스레터가 미디어 변화의 대안으로 주목받고 있으며, 새로운 시도를 통해 성과를 만들어 가고 있다는 점일 것이다.

뉴스레터는 어떻게 돈을 벌까

그렇다면 실제로 얼마나 많은 크리에이터들이 뉴스레터로 수익을 만든 경험이 있을까? 그들은 어떤 방식으로 수익을 창출했을까? 이를 알아보기 위해 이번 리포트에서는 개인 발행인 62명을 상대로 '뉴스레터 수익화'에 대한 온라인 설문을 진행했다.

설문에 응답한 개인 발행인의 50퍼센트가 뉴스레터와 관련된 수익화 경험이 있었다. 그 방식으로는 '유료 뉴스레터 발행'과 '외부 광고 집행'이 동일하게 41.9퍼센트로 가장 높

뉴스레터의 주제

* 62명 복수 응답

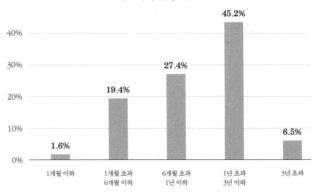

뉴스레터 발행 기간

* 62명 응답, 단위: 명

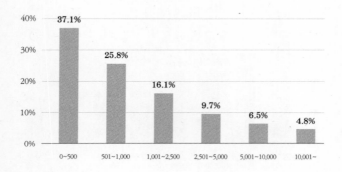

뉴스레터 구독자 수

* 62명 응답, 단위: 명

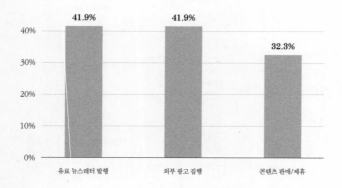

뉴스레터 수익화 방식

* 31명 복수 응답

은 비율을 차지했다. 제작한 콘텐츠를 다른 플랫폼에 판매하거나 제휴하는 방식이 뒤를 이었다.

수익화하면 떠올리는 유료 뉴스레터의 모습은 크게 두 가지로 나뉜다. 첫 번째는 '정기 발행 방식'으로, 구독자가 매달 구독료를 결제하면 정해진 발행 종료일 없이 주기에 맞춰 뉴스레터를 발송하는 방식이다. 앞서 소개한 〈커피팟〉, 〈스타트업〉과 같은 유료 뉴스레터가 이 방식을 채택하고 있다. 같은 방식이라고 하더라도 뉴스레터마다 발행 주기, 구독료 등은 다르다. 한 달을 기준으로 주말을 제외하고 매일 발행하는 뉴스레터가 있는가 하면, 한 달에 한 번만 발행하는 뉴스레터도 있다. 설문에 참여한 뉴스레터들은 한 달 동안 총 네 번 뉴스레터를 발행한다는 응답이 가장 많았고, 구독료는 평균 6500원이었다. 반면 '시즌제 발행 방식'은 발행 기간을 정해놓고 그 기간에 대한 구독료를 한 번에 또는 여러 번에 걸쳐 결제받는 방식이다. 시즌제 발행 방식의 뉴스레터는 3개월 또는 1년 동안 발행되는 경우가 가장 많았고, 평균 구독료는 2만 9000원이었다. 크리에이터는 유료 뉴스레터를 통해 광고를 제공하는 기업이나 콘텐츠를 소개하는 플랫폼, 출판사의 도움 없이도 자신만이 가지고 있는 이야기를 직접 수익화할 수 있다. 또한 발행인이 직접 뉴스레터를 보내는 주기와 금액을 결정해야 한다는 점에서 플랫폼을 통한 수익화 방식과

유료 뉴스레터 발행 방식

기준	정기 발행 방식	시즌제 발행 방식
기준	한 달	최소 발행 횟수 3개월/ 최대 발행 횟수 1년
사용자	53.8%	46.2%
평균 구독료	6,500원	29,000원
최소 발행 횟수	1회	6회
최다 발행 횟수	20회	50회
평균 발행 횟수	6.4회	-
평균 발행 기간	-	6.8개월
최다 발행 경우	한 달 동안 4회 발행	3개월 또는 1년 동안 발행

* 13명 복수 응답

는 차이를 보인다.

　　무료 뉴스레터 발행인은 그동안 맺어온 구독자들과의 관계를 바탕으로 외부 광고를 집행해 수익을 만들어 내는 경우가 많다. 이미 기업들은 개인 발행인의 뉴스레터를 매력적인 광고 채널 중 하나로 인식하고 있다. 다른 SNS보다 적극적으로 개입하는 팬, 구독자들이 모여 있다는 점, 그리고 텍스트 기반의 풍부한 콘텐츠를 작성할 수 있다는 점은 뉴스레터만이 가지는 매력이다. 외부 광고 집행의 경우, 직접 콘텐츠를 기획해 원고를 작성하는 경우가 92.3퍼센트로 가장 많았고, 평균 광고료는 뉴스레터를 한 번 발행 기준으로 50만 원이었다. 그 외에도 광고주가 전달한 원고를 그대로 게재하거나, 광고료 대신 상품을 받는다는 응답도 있었다.

　개인이 뉴스레터를 발행하는 목적은 대개 퍼스널 브랜딩이다. 자신을 스스로를 '뉴스레터 발행인'이라고 소개하는 경우도 늘고 있으며 '뉴스레터 발행인'이라는 정체성을 바탕으로 다른 플랫폼과 제휴하거나, 콘텐츠를 판매하며 수익을 얻는 사례도 쉽게 발견할 수 있다. 뉴스레터 발행인들은 외부 플랫폼에 원고를 기고하면서 수익을 얻기도 한다. 실제로 70퍼센트가 해당 방식으로 수익을 만들고 있다고 응답했으며, 평균 원고료는 1회당 26만 원이었다. 이미 발행된 콘텐츠를 타 플랫폼에 게시해 수익을 얻는 경우도 있었고, 외부 플랫폼과 제휴를 맺어 콘텐츠를 제공하는 방법도 있다. 혹은 PDF 전자책과 같은 상품을 만들어 판매한다는 응답도 있었다.

　리포트에 소개한 세 가지 방식 외에도 개인 발행인들이 수익을 내는 방식은 다양하다. 비정기 후원을 받기도 하고, 뉴

외부 광고 집행 및 콘텐츠 판매/제휴 방식

외부 광고 집행 방식		콘텐츠 판매/제휴 방식	
직접 콘텐츠를 기획해 원고 작성	92.3%	뉴스레터 발행인으로서 새로운 원고 기고	70%
제공받은 외부 광고용 콘텐츠를 그대로 게재	15.4%	뉴스레터로 발행한 콘텐츠를 직접 게시하는 조건으로 제휴	20%
광고료 대신 상품을 제공받고 외부 광고를 집행	7.7%	외부 플랫폼에서 직접 뉴스레터 콘텐츠를 가져가도록 제휴	10%
	–	외부 플랫폼을 이용해 직접 콘텐츠를 판매	10%

평균 광고료	최저 광고료	최고 광고료	평균 원고료	최저 원고료	최고 원고료
50만 원	20만 원	100만 원	26만 원	20만 원	50만 원

* 각각 13명, 10명 복수 응답

스레터 발행인으로서 강의를 판매하거나 그동안 발행했던 뉴스레터들을 모아 출판 계약을 하기도 한다. 그동안은 내가 가진 이야기를 '어디에서' 보여줄 것인지가 중요했다면, 이제는 '어떤' 이야기를 가지고 있는지가 더 중요해졌다. 사람들이 원하는 이야기를 가지고 있고, 이를 꾸준히 전하며 새로운 정체성을 만들 수 있다면, 이를 수익화하는 것은 어렵지 않다. 수많은 뉴스레터 크리에이터가 이를 증명하고 있다.

다양한 수익화 사례

앞서 살펴보았듯, 이메일 뉴스레터가 다양해지며 뉴스레터를 기반으로 하는 수익화 방법 또한 다양해지고 있다. 그렇다면 스티비를 통해 뉴스레터를 발행하는 개인 발행인은 어떠한 방식으로 뉴스레터를 수익화하고 있을까?

유료 뉴스레터 발행은 뉴스레터의 콘텐츠 자체를 수익화하는 방법이다. 프리워커 굿수진이 세계 여행을 하며 생기는 일들을 전하는 뉴스레터 〈굿수진라디오〉는 인스타그램으로 연재하던 짧은 일기를 더욱 긴 호흡으로 전하기 위해 시작했다. 굿수진은 개인 창작자가 가진 이야기를 유료 뉴스레터를 통해 독자에게 직접 전하는 방식이, 농부가 농산물을 직접 고객에게 판매하는 '파머스 마켓'과 닮았다고 말한다. 콘텐츠가 특정 플랫폼을 거치는 것이 아니라는 점에서 그렇다. 발행인은 자신이 전하고픈 이야기를 구독자와 '직거래' 할 수 있다. 굿수진은 그 덕분에 유료 뉴스레터가 세계 여행을 지속하는 데 도움이 된다고 말한다.

유료 뉴스레터를 발행하는 것은 개인 창작자뿐만이 아니다. 종이책을 주로 출판하던 종합 콘텐츠 전문 회사 '호밀

〈호두레터〉 구독 페이지 ⓒ호밀밭

밭'은 유료 뉴스레터 〈호두레터〉를 통해 빠르게 유통할 수 있는 콘텐츠를 발행했다. 〈호두레터〉는 작가들의 문화 예술 이야기, 호밀밭 장현정 대표의 책 쓰기 팁을 포함해, 자기 이야기를 세상으로 내보내고 싶은 사람들을 위한 이야기를 뉴스레터로 전한다. 덕분에 내부적으로는 단행본으로 함께하지 못했던 작가, 예술가들과 협업할 수 있었다. 또한 외부적으로는 호밀밭이 끊임없이 콘텐츠를 발행하고 새로운 시도를 도

〈주말랭이〉의 광고 집행 사례 ⓒ주말랭이

모하는 브랜드라는 긍정적인 이미지를 공고히 할 수 있었다.

외부 광고 집행은 기업 등의 광고주가 제안한 광고 협업에 응해 뉴스레터 내에 광고를 삽입, 집행하는 방식이다. 단비 같은 주말을 선물하기 위해 다양한 제철 놀거리를 소개한다는 콘셉트의 뉴스레터 〈주말랭이〉는 지금까지 40건 이상의

〈스몰레터〉의 PDF 전자책 판매 페이지

외부 광고를 집행했다. 이때 광고주가 전달한 원고를 그대로 뉴스레터에 싣는 대신 〈주말랭이〉만의 톤 앤 매너로 광고 콘텐츠를 새롭게 기획하고 제작하여 뉴스레터 내에 게재했다. 이러한 방식은 〈주말랭이〉 구독자들의 뉴스레터 구독 경험을 해치지 않을 뿐만 아니라, 광고주에게도 긍정적인 피드백을 얻어 다른 광고 협업 제안으로 이어지기도 했다. 이는 광고를 뉴스레터 콘텐츠의 일부처럼 활용한 사례다.

　콘텐츠 판매/제휴는 외부 플랫폼에 원고를 기고하거나 뉴스레터 콘텐츠를 재가공해 판매하는 등, 다양한 방식으로 이뤄진다. 스몰 브랜드의 성장을 위한 브랜드 사례와 실무 이야기를 전하는 〈스몰레터〉는 2021년부터 정기적으로 발행하며 쌓은 뉴스레터 콘텐츠를 PDF 전자책으로 제작해 판매한다. 〈스몰레터〉는 뉴스레터를 전자책으로 재가공하는 것이

새로운 시도였음에도 불구하고, 스몰 브랜드의 성장에 유용
하게 활용되고 있다는 후기를 남긴 구독자가 많아 기억에 남
았다고 말했다.

〈쫌아는기자들〉; 지속 가능한 뉴스레터

인터뷰이: 임경업, 성호철/인터뷰어: 손꼽힌

"낮에는 조선일보 기자, 새벽에는 유료 뉴스레터 발행인."

안녕하세요, 독자들에게 뉴스레터 〈스타트업〉에 대해
소개해주세요.

경업 〈스타트업〉은 매주 화, 목, 금 발송하는 뉴스레터로 주로
스타트업 창업자, 스타트업에 투자한 사람, 그리고 스타트업
에 근무하는 사람들의 이야기를 다룹니다. '옆집 스타트업에
있는 숟가락 개수까지 세어보자'라는 캐치프레이즈를 가지고
쓸데없다고 생각할 수 있지만 생생한 정보를 전달하기 위해
노력하고 있습니다. 시즌마다 열 명에서 12명의 창업자의 인
터뷰를 진행하고요.

조선일보에서 뉴스레터 〈스타트업〉을 발행 중인 임경업, 성호철 기
자 ⓒ스티비

구독자는 주로 스타트업 종사자, 혹은 창업(예정)자인
가요?

경업 대부분 스타트업 창업자, 종사자, 투자자들이 많고, IT
업계나 대기업에서 일하는 분들도 있어요.

실제 기자가 만드는 뉴스레터라 흥미로웠어요. 새로운
형태의 콘텐츠 실험을 시작하게 된 계기가 궁금해요.

호철 기자로 일하면서 기존의 저널리즘에 대한 문제의식을 느끼고 있었어요. 종이 신문은 기본적으로 불특정 다수가 보는 매체다 보니 조금 더 좁고 깊은 이야기에 대한 갈증이 생겼죠. 매체의 지형이 변화하고 있으니 새로운 형태의 콘텐츠를 어떻게 만들 수 있을까를 자연스럽게 고민하게 됐고요. 이 고민이 〈스타트업〉을 발행하는 '쫌아는기자들' 프로젝트로 연결됐어요.

- 우리가 잘 아는 분야로 할 것
- 기존 유통 채널에서 쉽게 볼 수 없는 콘텐츠로 할 것

위 두 가지를 기준으로 고민하다가 평소 좋아하던 '스타트업'을 주제로 잡았어요. 보도 자료 말고 진짜 스타트업의 현장 이야기를 담는 거죠. 내용과 분량에서도 디테일한 정보와 새로운 작법을 시도하고 있어요. 일간지에서 10년 넘게 몸담고 있다 보니 이제는 독자에 따라 적합한 콘텐츠를 만들 줄 알거든요. 일단 해보자는 마음으로 가설도 없이 무작정 시작했습니다. 폐쇄형 회원 추천제, 유료 멤버십 등도 접목하고요.

자신감과 막막함이 동시에 있었겠네요. 뉴스레터 기획안을 회사에 제안하신 거예요?

호철 네, 맞습니다. 〈스타트업〉은 언론사가 앞으로 어떤 콘텐츠로, 어떻게 변화할 수 있는가에 대한 테스트라고 볼 수 있죠. 이런 도전은 조선일보뿐 아니라 많은 언론사가 하고 있고 현업 기자들에게 많은 관심과 피드백을 받고 있어요.

소속이 다르더라도 새로운 콘텐츠를 준비한다는 점에서 모두 동료라고 생각하고 저희가 뉴스레터를 만들며 배운 것들을 최대한 나누는 편입니다. 〈스타트업〉의 시행착오가 다른 매체의 누군가의 도전으로 이어져 함께 발전할 수 있는 사례가 탄생하면 좋죠. 저희도 거기에서 더 배우고 성장하고요.

회사라는 울타리를 벗어나 국내 전통 매체가 함께 성장하기 위한 시도군요. 〈스타트업〉은 처음 구독자를 어떻게 모으셨어요?

호철 뉴스레터 출시를 알리는 소개 페이지를 조선일보 웹사이트에 올린 게 처음이었어요. 평소 네트워크를 활용하지 않고 0명부터 시작했어요.

경업 구독자가 늘어나는 데에는 업계 인플루언서의 도움이 컸어요.

예를 들면 어떤 분이 계세요?

호철 스타트업 얼라이언스에 센터장으로 계셨던 임정욱 선배요. 트위터, 페이스북 등 스타트업 소식을 활발하게 포스팅하는데 〈스타트업〉 구독 링크도 소개해줬어요. 그저 아는 선배였는데 포스팅 이후로 진심으로 존경하게 됐어요.

경업 바이럴을 경험하면서 스타트업 씬에서는 페이스북이 유효한 채널이라는 것을 실감했죠. 그때 이후로 페이스북을 계속하고 있습니다.

맞아요, 페이스북은 인스타그램에 비해 긴 글 친화적인 성향이 있죠. 뉴스레터를 반기시는 분들도 많이 계신 것 같아요. 구독자를 모집하고 추천 회원제, 7일 공개 후 유료 전환도 도입하셨잖아요. 어떠셨어요?

호철 처음 6개월만 무료 구독자를 받고 유료 뉴스레터로 전환했어요. 치밀한 계산보다는 실험의 일환이었는데요. 생각했던 시나리오는 무료로 읽고 나면 콘텐츠의 매력을 알게 되기 때문에 추후 그 인터뷰를 인용하고 싶거나 다시 보고 싶을 때 흔쾌히 돈을 낼 것이라 생각했습니다. 웹툰하고는 반대죠.

웹툰은 독자들이 유료로 봐왔기 때문에 엔터테인먼트성에 확신이 있는데 지적 콘텐츠는 아직 확신이 부족한 것 같아요. 그래서 일단 읽어보게끔 하는 장치였어요.

결론적으로 가설이 성립되지는 않았고, 일부만 공개하는 형태나 브랜드 신뢰도를 먼저 높이고 적극적으로 구독을 유치하는 형태 등 〈스타트업〉에 맞는 방식을 다시 처음부터 고민 중입니다.

유료화를 고민하게 된 계기와 매체의 전망에 대한 두 분의 관점이나 생각을 더 알고 싶어요.

호철 다들 아시겠지만, 콘텐츠에 제작비가 은근히 많이 들잖아요. 취재와 작성 외에 제반 업무도 많고요. 보통 새벽 3시에서 아침 8시까지 집중 작업하거든요. 같은 시간에 다른 일을 한다면 기회비용이 꽤 크겠죠. 뉴스레터 발행을 지속하기 위해 유료 구독을 전제로 시작했어요.

신문사에서의 본업은 책임감 있게 수행하지만 〈스타트업〉에서는 의무감보다는 즐거움도 커요. 글도 자유롭게 쓸 수 있고 가끔 오타나 비문이 섞이더라도 스트레스받지 않거든요. 100퍼센트 노동이라면 유료 구독 모델만으로는 지속이 어렵죠. 즐거움이 동반하는 노동이라서 할 수 있는 것 같아요.

콘텐츠 유료화, 유료 뉴스레터에 대한 생각을 전해준 성호철 기자
ⓒ스티비

경제학적인 BEP(Break Even Point·손익분기점)를 맞출 필요가 없다면 은퇴할 때까지, 혹은 은퇴했어도 계속할 수 있지 않을까 생각합니다.

경업 공감해요. 〈스타트업〉에서 인터뷰했던 '래디쉬' 이승윤 대표는 '1000명의 유료 독자가 한 명의 기자를 서포트할 때 유료 뉴스레터가 경제학적으로 지속 가능하다'라는 가설을 세우고 비즈니스를 시도했었대요. 계산해 보니까 맞는 것 같아요. 뉴스레터로 돈을 벌어야 한다면 최소 유료 구독자 1000명은 돼야 하죠.

딱 떨어지는 구체적인 숫자라 흥미롭고 은퇴할 때까지라니 구독자로서 반갑네요. 유료 구독자들은 피드백이 더 적극적이죠?

경업 굉장히요. 제가 주로 CS를 담당하는데 어떤 부분이 좋았다, 이번 주제는 어려웠다 등 반응이 바로바로 와서 좋아요. 가장 아팠던 피드백은 초창기부터 꼼꼼히 읽어주신 창업자 구독자분이었어요. 〈스타트업〉은 너무 성공한 사람들의 이야기라 본인과의 괴리감이 느껴져 마음이 힘들어서 구독을 취소한다는 말을 남겨주셨죠.

호철 스타트업에서 실패담과 번아웃 이야기도 늘 다루고 싶고, 실제로 시도하기도 했는데 섭외하기가 정말 어렵더라고요. 실패 경험을 가진 분과 만나서 이야기를 나누더라도 기록으로 남겨지는 것을 원하지 않아요. 두 번째 도전을 준비하는데 낙인이 될 수도 있잖아요. 여전히 우리 사회에서는 실패에 관용적이지 않으니까요. 혹시 이 인터뷰를 보고 경험을 나눠줄 분이 계신다면 연락 주세요. 저희는 늘 열려 있습니다.

정말 공감돼요. 누구나 실패하며 성장하기 마련인데 결과만 주목받는 경향이 있어요. 실리콘밸리에서는 실패

<u>콘퍼런스를 하기도 하죠?</u>

호철 맞아요. 와이 컴비네이터에서도 하는데 익명을 전제로 폐쇄적으로 진행해요. 모든 실패와 결국 본인의 잘못한 경험을 인정해야만 진행이 되는데, 그 지점은 우리 모두에게 쉽지 않죠.

<u>'쫌아는기자들'은 어떤 프로세스로 뉴스레터를 만드시나요?</u>

경업 성호철 선배와 제가 만들고, 회사 내에 스타트업을 취재하는 동료 기자도 객원으로 참여해요. 원 소스 멀티 유즈를 하는 거죠. 동료 기자들에게 종이 신문에 썼던 내용을 〈스타트업〉의 작법으로 다시 보내줄 수 있는지 요청을 하기도 해요. 수요일은 기고를 받아서 운영하는데 라인업을 모두 짜두고 마감일을 정해 기고자와 커뮤니케이션하죠. 원고를 받고 나면 뉴스레터에 맞춰 편집 작업을 하고요.

금요일은 시의성 있는 인터뷰 혹은 주제를 다루되 전화 인터뷰로 진행해요. 일요일 메인 인터뷰는 석 달 전에 리스트업과 섭외를 마쳐요. 일정에 맞춰서 인터뷰를 미리 하고 순차적으로 발송하는 거예요. 별도 코너를 진행하게 되면 여기 추

가 업무가 생겨요. 뉴스레터 발행을 부업으로 하다 보니 노션
으로 프로세스를 정리해 업무를 진행하고 있죠.

어느새 시즌 4죠. 지금까지 100명에 가까운 분들을 만
나셨어요. 취재하며 기억에 남는 순간이 있나요?

 경업 다른 매체의 인터뷰에서 소개되지 않은 이야기를 포착
해 전할 수 있을 때 즐거워요. 래디시 이승윤 대표 휴대폰에
사채 독촉 문자가 쌓였던 것, '당근마켓'이 '맘 카페'에서 쫓
 겨난 이야기, '마켓컬리' 김슬아 대표가 100번 넘게 피칭에
실패하고 여성 창업자로서 겪었던 불합리한 경험 등 생생한
현실 속 이야기들이요.

⟨스타트업⟩은 시즌별 주제, 라인업을 정하는 기준이 시
의성 있으면서도 예상을 벗어나더라고요. 어떤 고민과
과정을 거쳐 결정하시나요? 시즌3에서 성수동 임팩트
기업을 조명하신 것도 의외였어요.

경업 스타트업 대표님들의 조언을 많이 받아요. 말씀하신 시
즌3의 임팩트 스타트업도 다른 대표님들의 추천을 받아 진행
했고요. 딥 테크 스타트업도 난이도가 있어 고민했는데 꼭 다

뭐달라는 의견이 있어서 진행했죠. 다음 시즌 주제는 대중성을 고려해 시리즈 C 이상 해외 진출 스타트업으로 잡았습니다. 언젠가 올 유니콘 스타트업 라인업으로도 진행하고 싶어요.

이상한 질문일 수도 있는데요. 창업자들의 분야를 막론하고 관통하는 성향이나 공통점이 있나요?

경업 글쎄요, 뭐가 있을까요. 제가 느낀 점은 다들 자기 확신이 강하다는 건데 어찌 보면 자연스럽죠. 스타트업을 시작한다는 것이 굉장한 리스크를 짊어지는 일이기 때문에 자기 의심이 있다면 사업하기 어려운 것 같아요.

스티비를 통해서 유료 뉴스레터를 보내고 온라인엔 7일 동안만 공개하시죠. 아카이브는 노션으로 하시고요. 텀블벅으로 출판 펀딩도 진행하셨죠. 여러 채널을 관리하시는 데 어려움은 없으세요?

경업 유료 구독 기능, 유료 구독자용으로 발행된 뉴스레터 아카이브 기능 등 가볍게 진행할 수 있도록 스티비에서 많은 도움을 주고 계세요. 아마 '쫌아는기자들'이 스티비에 많은 기능을 요구하는 팀 중 하나일 거예요. 시즌1 임호열 대표님 인 터뷰 때도 유료 구독 기능, 연간 구독 할인 프로모션을 개발해 달라고 떼썼었죠. 결국 구현이 되어서 반가워요.

경엽 스티비가 워낙 잘하는 걸 알고 있어서 계속 뉴스레터 생 태계가 클 수 있을 거라고 보고 있어요. 저희 역시 앞으로도 스티비 팀과 의견을 더 적극적으로 교류할 예정입니다.

<u>뉴스레터 만드실 때 도움 되는 팁이나 기능이 있다면 추천해주세요.</u>

경엽 제로 베이스로 시작한다면, 니치한 시장을 공략하는 걸 추천하고요. 처음부터 디자인에 공력을 많이 쓰기보다는 심 플하게 보내는 것도 방법인 것 같아요. 디자인이 좋으면 물론 좋지만, 명확한 콘셉트를 가지고 쓰는 게 더 중요하다고 생각 해요.

참, 제목의 중요성도 이야기하고 싶네요. 오픈율에 영 향을 많이 미치거든요. 발송 후엔 클릭률 대시보드도 잘 분석 해 경향성을 파악하고요. 아무래도 진리는 역시 꾸준히 쓰는 것이라고 생각합니다.

생생한 스타트업의 인사이트를 전달하고 발행하고 있는 임경업, 성호철 기자 ⓒ스티비

이제 거리두기도 완화되었는데요, 오프라인 모임 등 콘텐츠를 매개로 더 시도하고 싶은 활동이 있나요?

경업 기존에 100명 규모의 온라인 세미나를 종종 진행했었어요. 구독자와 접점을 유지하는 게 중요하다고 생각해서 웨비나 혹은 오프라인 미팅을 염두에 두고 있습니다.

더 깊이 있게 확장되는 거네요. 구독자가 체감하는 혜택이 더 커지겠어요.

경업 네, 그렇게 구독자가 체감하는 가치를 더하는 구조를 잡는 것이 목표입니다.

마지막으로 뉴스레터의 시작을 고민하는 분들에게 조언해주신다면요?

호철 뉴스레터를 만든다면 내가 얼마나 모르는지를 직면할 필요가 있다고 생각해요. 다루고 싶은 분야에 대해 원고지로 작성한다면 챕터 몇 개나 작성할 수 있을지 생각해보는 것도 방법이죠. 단순히 내가 좋아하는 것을 공유하는 것은 어렵다고 생각해요. 지식은 한계가 있으니까요. 대신 내가 새로운 지식을 스펀지처럼 흡수하고 소화해 이렇게 전달해 주겠다는 방식과 전달자의 태도라면 좋겠어요.

에필로그   이메일 마케팅의 미래

리포트의 내용은 모두 설문 결과와 스티비 내부 데이터에 기반하고 있다. 리포트에 대한 관심이 커진 만큼 숫자와 표현을 하나하나 살펴보며 잘못된 내용은 없는지, 의도와 다르게 해석될 여지는 없는지 확인했다. 숫자로 된 데이터는 정확해야 한다. 2021년 리포트에서는 정확도를 높이기 위해 외부 통계 전문가의 자문을 받았고, 2023년 리포트에서는 데이터 분석 전문 회사인 '데이터리안'과 함께 분석을 진행했다.

데이터의 신뢰도를 높이기 위해 꾸준히 노력하고 있음에도 불구하고 아쉬운 점도 몇 가지 있다. 그중 하나는 데이터를 분석했을 때 일반적인 인식을 뒷받침하는, 명쾌한 답이 나오지 않는 경우가 많다는 점이다. 예를 들어 '제목을 어떻게 써야 오픈율이 높아질까'에 대한 답은 '제목을 몇 자 이내로 쓴다'와 같은 명확한 가이드라인이 아니라 '제목이 짧을 수록 오픈율이 높다'와 같은 경향성 정도다. 경향성을 찾아냈더라도 제목이 짧아서 오픈율이 높은 것인지, 오픈율이 높은 이메일들이 제목이 짧은 것인지의 선후 관계, 인과 관계까지 밝혀내는 것은 더 어렵다. 일반적인 인식을 뒷받침하는 경향성이 없는 경우도 많고, 과거에는 있었는데 지금은 없는 경우도 많다. 역설적으로 데이터가 쌓일수록 '모른다'는 답을 더 많이 하게 된다.

또한, 데이터는 과거와 현재에 기반을 둔다. 그렇기 때문에 미래에 대한 이야기를 하기는 쉽지 않다. 리포트에 담고 싶지만 그러지 못한 내용도 많다. 데이터에 기반해 말하긴 어렵지만, 스티비 팀이 생각하는 이메일 마케팅 시장의 미래와 같은 것들이 그랬다. 스티비 팀이 전망하는, 혹은 바라는 뉴스레터의 미래는 이런 모습이다.

커뮤니케이션이 개인화되고 파편화될수록 뉴스레터의 역할은 커질 것이다. 콘텐츠 소비 방식은 '대형 플랫폼에서 모두가 비슷한 콘텐츠를 소비하는 것'에서 '파편화된 플랫폼에서 각자 자기 입맛에 맞는 콘텐츠를 소비하는 것'으로 변하고 있다. 뉴스레터는 대형 플랫폼에서 벗어나 자신의 고객, 팬, 구독자와 직접 관계를 만드는 데 효과적인 수단이다. 거대 테크 회사들이 맞춤형 광고에 활용돼 온 쿠키 사용을 제한하면서 디지털 광고 시장도 변하고 있다. 미래의 광고 및 마케팅 시장은 대형 플랫폼을 통하는 것이 아닌 기업/개인이 직접 자신의 고객, 팬과 관계를 구축하는 방향으로 흐를 것이다. 이 경우 그들의 데이터를 직접 확보하고, 그들을 세심하게 관리하는 것이 더욱 중요해진다. 한편으로는 뉴스레터를 수익화하는 시도 역시 다양해질 것이며, 확대될 것이다. 뉴스레터를 비즈니스로 접근하는 이들이 많아진다면, 미래의 뉴스레터는 고객의 가치뿐 아니라 안정적인 수익 모델을 고민하는 방향으로 나아갈 것이다.

스티비는 리포트 외에도 이메일 마케팅 세미나, 〈보낸 사람〉 인터뷰 시리즈 등을 통해 다양한 마케팅 사례를 알리고 있다. 고객의 사례를 전할 때마다 느끼는 것은, 스티비가 아직 하지 못한, 할 수 없는 이야기가 여전히 많다는 것이다. 스티비는 어디까지나 도구다. 그렇기 때문에 구체적인 상황에서 직접 부딪혀 얻어낸 경험의 이야기는 전하기 어렵다.《내일의 뉴스레터》는 그래서 쓰인 책이다. 다양한 사례와 데이터를 자신의 뉴스레터에 직접 적용해 보고, 그 경험을 누군가와 나누는 계기로 이 책이 기능하길 바란다. 리포트를 처음 펴내기 시작할 때의 마음도 그와 같았다. 리포트를 시작으로 이메일 마케팅과 관련된 대화와 논의가 더 풍성해지기를 바랐다.

뉴스레터는 기본적으로는 콘텐츠 마케팅이다. 그리고 마케팅에서 중요한 것은 결국 내 고객, 팬, 구독자가 어떤 이야기를 듣고 싶어 하는지, 그리고 내가 어떤 이야기를 하고 싶은지다. 이 책이 본질적인 것에 대한 명확한 답을 주긴 어렵다. 하지만 전달하고 싶은 콘텐츠나 메시지가 있다면, 그를 전할 적절한 채널을 찾고 있었다면, 혹은 뉴스레터를 어떻게 시작해야 할지 망설이고 있었다면, 이 책에서 힌트를 얻을 수 있지 않을까.

주

1 _ 스티비, 〈알아두면 쓸데없는 이메일 이야기 — 스팸메일 편〉, 스티비 블로그, 2020.

2 _ 〈Spam: share of global email traffic 2011-2021〉, Statista, 2022.

3 _ 대학내일20대연구소, 미디어/콘텐츠 이용 조사, 2021.

4 _ Andreas Stegmann, 〈Ben Thompson's Stratechery should have crossed $3 Million in Profits in 2020〉, 2020.

5 _ Sara Fischer, 〈Substack says it has more than 1 million paid subscriptions〉, Axios, 2021.

6 _ Kasia Kovacs, 〈How a Former Start-up Founder Made More Than $300K in His 1st Year w/ a Substack Newsletter〉, LATKA, 2021.

7 _ Hamish McKenzie, 〈Please stop calling it the 'newsletter economy' or the creator economy, for that matter〉, Substack blog, 2022.

북저널리즘 인사이드

나에 의한,
나를 위한 콘텐츠

"뉴스레터는 나 스스로가 플랫폼이 되는 일이다. 그게 뉴스레터가 가진 가장 큰 장점이자 매력이다." 스티비의 임호열 대표는 뉴스레터를 발행하는 일을 '나 스스로가 플랫폼이 되는 일'이라고 설명했다. 각각의 뉴스레터는 개별의 목표를 가진 채 수없이 다양한 구독자를 만난다. 클릭부터 이메일을 읽고, 닫는 모든 과정이 하나의 세계관과 플랫폼을 경험하는 일이다. 그래서 구독자의 경험 일체를 설계하고, 그를 목적을 달성하기 위한 날카로운 도구로 사용하는 것이 더더욱 중요하다.

일각에서는 지금의 뉴스레터 시장이 포화 상태라고 진단한다. 대부분의 레거시 미디어가 다양한 콘셉트를 기반으로 뉴스레터를 펴내고 있고, 기업은 자사의 활동과 미션을 전달하기 위해 뉴스레터를 발송한다. 개인이 발행하는 뉴스레터도 그 목적은 다양하다. 꾸준한 콘텐츠 생산을 위해서, 구독자에게 자기 자신을 알리기 위해서, 자신을 브랜딩하기 위해서 개인은 자신의 시간을 소요하며 뉴스레터 콘텐츠를 제작한다. 모두가 다른 미션과 다른 세계관, 다른 콘셉트를 갖고 있기 때문에 뉴스레터를 설계하고, 그 힌트를 얻는 일은 쉽지 않을지도 모른다.

스티비 팀이 펴낸 《내일의 뉴스레터》는 그러한 뉴스레터 설계의 도면을 제공하고자 수많은 데이터와 설문을 엮어 풀어낸 결과물이다. 인포그래픽과 간결한 명제로 압축된 정보를 전달해야 했던 마케팅 리포트에서 더 나아가, 스티비 팀이 지켜보고 분석한 한국의 이메일 마케팅 트렌드를 하나의 흐름으로 엮었다. 지금 스티비 팀이 주목하는 2023년의 트렌드는 수익화다. 서브스택으로 시작한 '크리에이터 경제'가 한순간의 유행을 넘어 새로운 미디어 생태계 구축의 시작점이 될지, 귀추가 주목된다.

지금의 콘텐츠 소비는 알고리즘과 블랙박스에 갇힌 경우가 대부분이다. 우리는 알고리즘이 대행한 선택에 편승할 수밖에 없는 시대에 살고, 블랙박스에 갇힌 데이터가 플랫폼 사이를 부유하며 떠다니는 시대에 산다. 그 과정에서 콘텐츠를 생산한 이들도, 소비한 이들도 만족스럽지 못한 경우가 생긴다. 생산자는 플랫폼의 입맛에 맞춰야 한다. 인스타그램의 태그 행렬과 검색 노출의 공식이 그를 방증한다. 소비자는 플랫폼의 입맛에 맞춘 불만족스러운 콘텐츠의 숲에서 자신에게 맞는 정보를 찾아 헤매야 한다. 누구에게도 생산적이지 않은 시간이다.

뉴스레터는 그 선택권을 플랫폼이 아닌 생산자와 소비자에게 부여한다. 생산자는 자신이 원하는 콘텐츠를 펴내고, 구독자는 자신이 원하는 콘텐츠를 손쉽게 찾아낸다. 기업들이 점차 소식을 단순히 전달하는 것에서 그것만으로도 영양가를 가진 콘텐츠를 생산하는 쪽으로 흐름을 변경하고 있는 이유다. 초개인화 시대, 오히려 뉴스레터가 더 큰 잠재력을 가진 건 이러한 이유 때문일지 모른다. 콘텐츠의 홍수에서는 '나의, 나에 의한, 나를 위한' 콘텐츠가 살아남기 때문이다.

김혜림 에디터